AF396957

ANECDOTES

HISTORIQUES,

MILITAIRES ET POLITIQUES

DE L'EUROPE.

TOME SECOND.

ANECDOTES

HISTORIQUES,

MILITAIRES

ET POLITIQUES

DE L'EUROPE,

DEPUIS L'ÉLÉVATION DE
CHARLES-QUINT au Thrône de l'Empire,
jusqu'au Traité d'Aix-la-Chapelle en 1748.

TOME SECOND.

Par M. l'Abbé RAYNAL, *de l'Académie des Sciences
& Belles-Lettres de Prusse.*

A AMSTERDAM,

Chez ARKSLÉE & MERKUS.

M. DCC. LIII.

TABLE

DES ÉPOQUES CONTENUES
dans ce second Volume.

Fin de la Table des Époques du
ſecond Volume.

Tome II. a

ANECDOTES
HISTORIQUES,
MILITAIRES ET POLITIQUES,
DE L'EUROPE,

DEPUIS L'ÉLEVATION de Charles-Quint au Trône de l'Empire jufqu'à la Paix d'Aix-la-Chapelle en 1748.

Révolutions arrivées en Suede depuis 1515, jufqu'en 1544.

LA Suede qui avoit jetté un fi grand éclat lorfque fes Habitans connus fous le nom des Goths, renverferent l'Empire Romain, & changerent la face de l'Europe, étoit retombée peu après dans l'obfcurité, & y refta jufqu'au quator-ziéme fiecle. Ses diffenfions domefti-ques toûjours affez vives, quoique con-tinuelles, ne lui avoient pas permis de s'occuper de guerres étrangeres, & de mêler fes intérêts à ceux des autres Na-tions. Elle avoit malheureufement de tous les Gouvernemens le plus vicieux, celui où l'autorité eft partagée fans qu'aucune Puiffance de l'Etat fache précifément le degré qui lui en appar-tient. Les prétentions oppofées du Roi, du Clergé, de la Nobleffe, des Villes, des Payfans, formoient une efpece d'A-narchie qui auroit cent fois perdu le Royaume, fi les peuples voifins avoient eu des loix plus fages. Toutes les Cou-ronnes du Nord languiffoient dans la même barbarie; & l'afcendant que les unes pouvoient prendre fur les autres, ne devoit point venir de la fupériorité de politique, mais du bonheur des cir-

onſtances; elles furent pour le Dannemark.

Marguerite qui y régnoit joignoit à
l'ambition ordinaire à ſon ſexe, une
ſuite de vûes qu'il n'a pas ſi commu-
nément. Elle parloit avec grace, &
avoit ſupérieurement ce ton de ſenti-
ment qui tient ſouvent lieu de raiſon,
& qui la rend toûjours plus forte. Contre l'ordinaire des Souverains, elle
abandonnoit les apparences de l'autorité pour l'autorité même, & elle rete-
noit le Clergé dans ſes intérêts, en lui
faiſant prendre des déférences pour du
crédit. Ce qu'elle faiſoit éclater de magnificence n'avoit jamais pour objet
ſes goûts, mais ſa place; & ſoit qu'elle donnât ou qu'elle dépenſât, c'étoit
toûjours en Reine, & au profit de la
Royauté. Lorſque ſes projets n'étoient
pas traverſés par la loi, elle la faiſoit
obſerver avec une fermeté louable, &
elle ne cherchoit ſes intérêts particu-

liers que dans l'intérêt & l'ordre public.
On n'a gueres pouffé plus loin qu'elle
le faifoit le talent de paroître redoutable fans l'être : elle intimidoit fes ennemis par d'autres ennemis qu'elle avoit
l'art de faire croire fes Partifans. Ce
que fes mœurs avoient d'irrégulier étoit
réparé dans l'efprit des peuples par les
dons qu'elle faifoit aux Eglifes : ces facrifices coûtoient à fon caractere ; mais
fa politique les faifoit à fa réputation.
Elle eut plus d'élévation dans l'efprit
que dans le cœur, & fut plus touchée
d'étendre la gloire de fon nom que de
faire le bonheur de fes Sujets. Une ancienne tradition veut que le Roi Wal-
demar ait dit fouvent que la nature s'é-
toit trompée en produifant fa fille,
parce qu'elle n'avoit fait qu'une femme, quoiqu'en la formant elle fe fut
propofé d'en faire un homme.

    Cette Princeffe, que la mort de fon
fils avoit placée fur le Trône de Nor-

vege, & celle de son pere sur celui de
Dannemark, entrevit la possibilité d'a-
joûter la Suede à ses autres Etats , &
elle l'entreprit. L'ambition du Roi Al-
bert, qui pour dépouiller & asservir
ses Sujets , avoit inondé le Royaume
d'Allemans, & violé toutes les loix,
fit naitre cette idée, & le mécontentement des Seigneurs Suedois en assûra
l'exécution. Ils offrirent leur Couronne à Marguerite dans l'espérance qu'elle se contenteroit du titre de Reine, &
elle l'accepta en vûe de réunir la Suede au Dannemark. La chûte du Tyran
fut la suite de cette politique : il suc-
comba après sept ans d'une guerre
cruelle & opiniâtre, & il se vit forcé
de renoncer au Trône pour recouvrer
la liberté qu'il avoit perdue dans une
bataille.

Marguerite ne vit pas plutôt toutes
les Couronnes du Nord sur sa tête,
qu'elle forma le grand projet d'en ren-

dre l'union perpétuelle. Les Etats-Généraux des trois Nations convoquées à
Calmar sur la fin du quatorzieme siecle,
goûterent cet arrangement , & ils firent une loi solemnelle qui faisoit des
trois Royaumes une seule Monarchie.
Cet Acte célebre qu'on appella l'U-
nion de Calmar , portoit principale-
ment sur trois bases. La premiere, que
le Roi qui continueroit à être électif,
comme il l'avoit toûjours été dans les
trois Royaumes, y seroit pris alternativement , à moins que le Prince n'eut
des parens ou des enfans, que les Etats
assemblés jugeassent dignes de lui succéder. La seconde , que le Souverain
seroit obligé de faire tour-à-tour son
séjour dans les trois Royaumes, & de
consommer dans chacun les revenus
qu'il en tireroit. La troisieme , que chaque Royaume conserveroit son Sénat,
ses loix, ses priviléges, & que les Evêques , les Magistrats, les Gouverneurs,

les Généraux , les troupes même &
les garnisons seroient prises de chaque
pays.

Ces précautions avoient paru suffi-
santes pour assûrer l'égalité , le repos ,
la liberté des trois Royaumes, & ne le
furent pas. Le Dannemark où les Mo-
narques du Nord fixerent leur Cour ,
ne tarda pas à rompre le sistême d'équi-
libre qu'on avoit formé avec tant de
soin , & à traiter avec hauteur les autres Membres de l'Union. Sous un
Prince absolu , également intéressé à la
conservation de tous ses Etats , ce désordre n'auroit pas eu lieu ; mais dans
l'impossibilité où étoient des Rois dont
l'autorité étoit si bornée , d'asservir
une Nation autrement que par une autre , leur ambition rendoit cet évenement indispensable. Avec un peu moins
d'orgueil , & un peu plus de politique,
les Danois seroient allés plus lentement
à leur but, & y seroient infailliblement

arrivés. Leurs premiers fuccès les en-
hardirent trop , & leur firent méprifer
les loix de l'Union , jufqu'à procéder à
l'élection d'un Souverain , fans convoquer , fans confulter même les autres
Etats.

Les Suedois faifirent l'occafion de
cette injuftice pour fecouer un joug
qu'ils déteftoient. Ils refuferent de reconnoître une autorité qu'on n'avoit
pas eu le droit de conférer fans eux ,
& fe donnerent un Maître particulier.
Le regne de ce Prince , & celui de ceux
qui gouvernerent l'Etat après lui, fous
le nom d'Adminiftrateurs , furent trou-
blés par des guerres continuelles que
fufcitoient les Rois de Dannemark ,
pour faire valoir les droits qu'ils prétendoient avoir.   L'épuifement des
deux Nations fufpendit quelquefois les
hoftilités , mais l'animofité les faifoit
bientôt recommencer. La plus longue
Treve fut celle qui finit en 1515 , an-

née qu'on peut regarder comme l'époque de l'heureuſe révolution qui aſſûra l'indépendance de la Suede.

Chriſtiern II. Roi de Dannemark, qui y donna occaſion, étoit un monſtre qui, preſque au ſortir de l'enfance, avoit pouſſé aux derniers excès tous les vices, & n'avoit pas même le maſque d'une vertu. Il faiſoit conſiſter l'autorité ſouveraine à violer ſes engagemens, à fouler les loix, à dépouiller ſes peuples, à tout ſacrifier à ſes caprices. Ce ne furent pas les circonſtances qui le rendirent cruel, ce fut la nature; & ſa barbarie étoit plûtôt la ſuite de ſes inclinations que l'effet de ſa politique. Ses Sujets, ſes proches, ſes confidens, ſes ennemis, tout lui étoit également ſuſpect; & ceux qui étoient ſûrs de leur cœur & de leurs actions, avoient à craindre ſes ſoupçons & ſa défiance. Son humeur ſombre & farouche faiſoit regarder la néceſſité de le voir, & de

traiter avec lui comme un très-grand
mal ; & les Courtisans tout avides qu'ils
font ordinairement, aimoient mieux se
paffer de graces que de lui en demander. Ceux qui lui ont accordé du courage se font trompés, il n'avoit que de
l'emportement ; c'étoit la foif du fang,
& non l'amour de la gloire qui lui faifoit entreprendre ou foutenir des guerres. L'ambition qui porte fouvent les
grandes ames à des actions héroïques,
ne lui infpiroit que des baffeffes. Tout
ce qui étendoit fon autorité lui paroiffoit permis & noble. On ne peut pas
être plus opiniâtre ni moins conftant
qu'il l'étoit, & il ne fuivoit pas un projet parce qu'il pouvoit réuffir, mais
parce qu'il l'avoit formé. Son fiecle lui
donna l'odieux furnom de *Neron du
Nord*, & la poftérité le lui a confirmé.

Loin de rapprocher les Suedois du
traité d'Union, un Prince de ce caractere devoit leur en donner un éloigne-

ment que rien ne pourroit vaincre : aussi ne pensa-t-il pas à les gagner, mais à les soumettre. Leurs divisions pouvoient lui faire espérer qu'il y réussiroit, & elles avoient été plutôt assoupies que terminées par l'autorité & l'habileté de l'Administrateur Suante-Sture : sa mort laissa un cours libre à toutes les passions. Le Royaume entier se partagea en deux factions. La premiere qui étoit celle du Clergé, vouloit faire revivre l'Union de Calmar : les Evêques avoient joüi d'une autorité si étendue sous les Rois Danois, qu'ils croyoient ne devoir rien oublier pour ramener cet heuréux tems. L'indignation que causa au reste de la Nation le seul soupçon d'un si honteux projet, les obligea de recourir à une maniere éloignée & détournée de parvenir à leurs fins. Ils proposerent de placer Eric Trolle à la tête des affaires. Une politique assez rafinée leur faisoit prévoir

que ce Vieillard timide, indolent &
irréfolu, feroit dégouté de fa place par
les traverfes qu'on lui fufciteroit, &
que la crainte de perdre les biens immenfes qu'il poffédoit en Dannemark,
le porteroit à un accommodement tel
que cette Couronne l'exigeroit. L'hiftoire ne dit pas fi ces vûes profondes
& odieufes furent pénétrées, ou fi le
fouvenir du dernier Adminiftrateur fit
préférer fon fils à un Concurrent plus
foutenu qu'accrédité. Ce qui eft fûr,
c'eft que Stenon fut élevé à la premiere dignité du Royaume, & que les
Evêques eux-mêmes concoururent à
l'élection, lorfqu'ils fe furent bien affûrés qu'il ne leur étoit pas poffible de
l'empêcher.

Cette importante affaire paroiffoit
finie, lorfqu'il commença à fe répandre que la liberté des fuffrages avoit
été violée dans l'affemblée. Le Clergé
femoit artificieufement ce bruit, ou

pour asservir la Nation en la divisant,
ou dans l'espérance qu'on lui feroit des
avantages considérables pour l'engager à ratifier ce qu'il avoit fait. La
crainte d'une guerre civile qui produit
quelquefois de plus grands maux que
la guerre civile même détermina le
nouvel Administrateur à tout sacrifier
pour assûrer la tranquillité publique.
Dans cette vûe il fit conférer l'Archevêché d'Upsal au fils de Trolle, démarche qu'il crut propre à consoler son
Rival de son exclusion, & les Evêques
d'avoir échoué dans leur projet : il ac-
compagna ce bienfait politique de toute la noblesse, de toutes les graces qu'on
met aux actions de sentiment.

La conduite de Stenon fut applaudie
par quelques hommes bornés & timides, & blâmée généralement par tous
ceux de ses Partisans qui avoient de
l'étendue dans l'esprit, ou de l'élévation dans le cœur. Ils prévirent que le

nouveau Prélat abuferoit encore plus de fa dignité que n'avoient fait fes prédéceffeurs ; & qu'avec les mêmes moyens qu'eux de troubler l'Etat, il auroit deux motifs de plus pour l'entreprendre , celui de fuivre les vûes de fa maifon toûjours vendue aux Danois, & celui de venger fon pere. La fuite fit voir qu'on n'avoit pas tout prévû, & que ce qu'on avoit le plus craint dans Guftave Trolle étoit infiniment moins à craindre que fon caractere.

Cet Archevêque né pour le malheur de fa Patrie , n'avoit aucune des vertus de fon Etat, & fort peu de talens pour d'autres. Il étoit dur, jaloux, ingrat, violent, & ambitieux. Il confondoit la grandeur avec le fafte , & l'arrogance lui paroiffoit de l'élévation. Jamais il ne diftingua la fierté du cœur de celle des manieres, & il ne parvint pas à fentir que fi la premiere convient à tous les honnêtes gens, la derniere n'est supportable dans personne. Ces ménagemens adroits qui gagnent les hommes, étoient à ses yeux des bassesses, & il ne connoissoit pour traiter avec eux que les manieres de commandement qui les révoltent. Le choix des tems, des lieux, des hommes, & des circonstances, étoit une politique qu'il ne croyoit pas faite pour lui; il prétendoit que tout cédât à sa naissance à ses richesses, & à sa dignité. Il rapportoit tous les évenemens publics à lui, & étoit très-étonné, très-offensés, même qu'on parût avoir un autre objet. Ceux qui le flattoient étoient assûré de son mépris, & ceux qui ne le flattoient pas de sa haine. Quoiqu'il ne fut cruel que par imitation, par foiblesse ou par ambition, il répandit beaucoup de sang : le desir d'assûrer ou de faire craindre son autorité, lui paroissoit autoriser suffisamment cette barbarie. Rien n'étoit capable de le faire revenir de ses préventions, d'éteindre ses haines, d'adoucir ses mœurs : il étoit sans retour tout ce qu'il étoit. Sans connoissance des hommes, sans zele pour la Religion, sans génie pour les affaires, il fut l'auteur des mouvemens qui agiterent de son tems la Suede : une place importante, beaucoup d'audace, & des circonstances singulieres lui tinrent lieu de tous les talens.

Trolle apprit à Rome sa nomination à l'Archevêché d'Upsal, & il se rendit aussi-tôt en Suede. Il ne voulut à son arrivée ni voir ni reconnoître l'Administrateur. Plus humilié que touché du tendre & généreux intérêt que ce Prince avoit pris à lui, il fit éclater un ressentiment, qui allarma également pour Stenon & pour la Patrie. Cette passion qui n'est pas long-tems oisive dans des caracteres hardis & remuans, présageoit visiblement des orages que les gens modérés s'efforcerent de dissiper.

per. L'efprit du jeune Prélat étoit trop
aliéné, & fon cœur trop aigri pour
qu'on pût le déterminer à faire des démarches de conciliation. L'Adminiftrateur né généreux & raifonnable,
prévint fur cela les defirs des Citoyens.
Il prodigua à fon ennemi les marques
d'eftime, d'affection, de confiance,
& ne gagna rien. L'Archevêque ne
pouvoit pas fe confoler de n'être que
le fecond dans un Etat qu'il avoit
compté gouverner d'abord fous le nom
de fon pere, & dans la fuite fous le
fien.

Toute entrevûe qui ne rapproche
pas des ennemis, les éloigne néceffairement davantage. Stenon & Trolle,
après avoir pris fur eux de fe parler,
fe haïrent infiniment plus qu'ils ne faifoient auparavant. Comme ils ne ména-
geoient plus rien ni l'un ni l'autre, le
premier convoqua les Etats du Royaume, pour y faire punir un Rebelle, &

uſa de beaucoup d'adreſſe avec Rome ;
pour l'empêcher de protéger, comme
elle le faiſoit ſouvent alors, un Eccle-
ſiaſtique qui troubloit l'ordre. Le ſecond de ſon côté aſſembla le Clergé,
& les Mécontens, s'unit avec les Danois, & corrompit les Gouverneurs de
quelques Places fortes. Tous ces mouvemens cauſoient une fermentation dan-
gereuſe, dont l'arrivée du Legat augmenta la violence & redoubla la rapi-
dité.

Jean - Ange Arcamboldi, que
Leon X. avoit choiſi pour porter dans
le Nord ces fameuſes Indulgences, qui
en donnant naiſſance au Luthéraniſme,
ont coûté tant de Sujets à l'Egliſe, &
tant de ſang à l'Europe, avoit commencé ſa Miſſion par le Dannemark.
Tout ce qu'il avoit d'affabilité dans les
manieres, de ſéduiſant dans la converſation, de ſouppleſſe dans l'eſprit, de
baſſeſſe dans le cœur ne lui auroit pas

procuré de grands avantages, ſi un intérêt politique & preſſant n'eût engagé Chriſtiern à le favoriſer. Ce Prince
penſoit à ſubjuguer la Suede, & il ne
pouvoit la ſubjuguer que par le Clergé :
traverſer les vûes de la Cour de Rome
eut été s'expoſer viſiblement à perdre
les ſeuls Partiſans ſur leſquels il pouvoit compter. Cette conſidération l'a-
voit déterminé à abandonner ſon Royaume à l'avidité du Légat, & ſes peuples à leur ſimplicité. Arcamboldi s'é-
toit expliqué ſur ces facilités en homme qui paroiſſoit déterminé à tout faire
pour les reconnoître. Ces diſpoſitions
apparentes ou réelles lui avoient valu
l'ouverture entiere des vûes, des eſpérances, des craintes, des forces, des
reſſorts qu'on pouvoit avoir. Le Roi
lui avoit parlé comme à ſon Miniſtre,
& s'étoit déchargé ſur lui du ſoin de
lui aſſûrer la conquête qu'il étoit réſo-
lu de tenter, & d'en avancer le tems

le plus qu'il pourroit fans fe compromettre.

Il ne paroît pas aifé de deviner fi le Miniftre de Leon X. arriva en Suede, réfolu de fervir ou de trahir Chriftiern. Tout ce qu'on fait, c'eft qu'il laiſſa foupçonner qu'il étoit inftruit de beaucoup de chofes, & qu'il n'eft pas naturel de croire que l'Adminiftrateur, homme médiocre & fans expérience, ait pénétré un vieux Italien nourri depuis long-tems dans les intrigues de la Cour de Rome. Nous ferions portés à penfer qu'Arcamboldi laiſſa échapper une partie de fon fecret pour qu'on lui achetât le refte. En effet, Stenon ne l'eût pas plutôt prévenu par de riches prefens, invité à publier fes Indulgences, & déchargé du droit du tiers que tous les Princes d'Allemagne avoient pris fur l'argent qui en revenoit, que toute la politique de la Cour de Dannemark fut dévoilée. La connoiſſance

de tous ces mysteres développa les res-
forts secrets de beaucoup d'évenemens
dont on n'avoit pas pû démêler les caufes, & dont il fut facile de prévenir les
suites. Il s'agissoit de mettre à couvert
la réputation & les intérêts du Légat,
& de le laisser en état d'acquérir de
nouvelles lumieres qu'il pût communiquer, & on y réussit.

L'Administrateur ayant laissé passer
assez de tems pour faire perdre de vûe
les conférences qu'il avoit eues avec le
Prélat Italien, convoqua enfin le Sénat. Il dit à l'Assemblée qu'on tramoit
une conspiration qui pouvoit aisément
renverser l'Etat, & que les Gouverneurs de Stockholm & de Nicopinc,
s'étoient engagés à livrer leurs Places.
Comme le péril étoit pressant, les deux
Traitres furent arrêtés sur le champ,
& les Etats-Généraux assemblés pour
instruire leur procès, & pourvoir au
salut de la Patrie. Si les accusés avoient

reſſemblé à la plûpart des conjurés cé-
lebres dans l'hiſtoire , il eut été difficile de les punir , parce qu'il eut été
impoſſible de les convaincre. On étoit
ſûr qu'ils étoient coupables , mais on
avoit peu de preuves , & on ne pouvoit pas faire uſage de celles qu'on
avoit. Heureuſement ſoit foibleſſe ou
repentir , ils avoüerent leurs intelligences avec le Roi de Dannemark , &
confirmerent, ce qu'on ſavoit déja, que
l'Archevêque d'Upſal étoit l'auteur &
le chef de la conſpiration.

Si Trolle n'eut été qu'ambitieux , il
auroit vû la difficulté extrème , peut-
être l'impoſſibilité de faire réuſſir des
projets connus , & il y a apparence
qu'il les auroit abandonnés. Il lui eut
été d'autant plus aiſé de prendre ce
parti qu'on lui en levoit les difficultés
en lui faiſant toutes les avances que ſon
orgueil pouvoit ſouhaiter. Ce Prélat
étoit malheureuſement déterminé à la

ruine de son pays par un ressentiment
que les contre-tems rendoient plus vif.
Il ne daigna ni justifier sa conduite ,
ni se plaindre de ses complices. Toute
sa politique se borna à demander la con-
vocation de nouveaux Etats plus libres
pour donner à Christiern le tems de
venir à son secours. .

Il y avoit dans toute cette conduite
un air de hauteur & d'indépendance ,
qui offensa vivement les Etats. Ils crurent avec fondement qu'un homme qui
se permettoit ces hardiesses étoit encore plus fortement appuyé au-dedans &
au dehors qu'on ne l'avoit d'abord
soupçonné. Cette idée n'ébranla pas
les résolutions qu'on avoit prises , mais
elle inspira plus de précautions. Pour
enlever à un ennemi qui commençoit à
paroître redoutable les ressources qu'il
pouvoit avoir , ou pour les rendre du
moins inutiles , on arrêta tous ceux de
ses parens ou de ses amis qui étoient

suspects, & on assembla les Milices du Royaume. Ces arrangemens avoient tellement affoibli le mauvais parti, & fortifié le bon, que l'Administrateur ne balança pas à assiéger l'Archevêque dans Steke, Place qui avoit passé jusqu'alors pour imprenable. Il espéroit forcer ce Château avant qu'on pût hasarder aucun mouvement pour le secourir ou pour faire diversion ; mais les choses tournerent autrement qu'il n'avoit pensé. A peine la tranchée étoit-elle ouverte qu'il fut averti que les Danois avoient fait une descente près de Stokholm, & qu'ils portoient par-tout le fer & le feu. Ces fâcheuses nouvelles le déterminerent à partager son armée : il fit continuer le siége par l'Infanterie, & marcha avec sa Cavalerie à l'ennemi qu'il joignit à Vedel. Il se livra là un combat aussi sanglant qu'il devoit l'être au commencement d'une campagne, entre deux Nations rivales, dans une occasion décisive, & pour de grands intérêts. La victoire long-tems incertaine se déclara enfin pour la Suede, & ceux des vaincus qui ne périrent pas dans l'action regagnerent avec précipitation leurs vaisseaux, & ensuite le Dannemark.

Cette retraite qui devoit diminuer la fierté de l'Archevêque ne fit qu'augmenter son désespoir ; il parut plus déterminé que jamais à se défendre. Le retour des troupes victorieuses ne l'ébranla point , & il se seroit enseveli sous les murs de la Place, si sa garnison qui n'avoit ni les mêmes haines, ni le même orgueil que lui ne l'avoit forcé de capituler. Il croyoit que l'humiliation de se rendre , & celle de reconnoître l'autorité de l'Administrateur , seroient les seules qu'il auroit à essuyer, il se trompoit. Les Etats le déclarerent ennemi de la Patrie , l'obligerent de renoncer à sa dignité, & le condamnerent à finir ſes jours dans un Cloître.

Quand le Pape n'auroit pas été ſollicité par le Prélat dépoſé, & par Chriſtiern, de s'élever contre ce jugement, il l'auroit fait. La Cour de Rome dont les droits n'avoient pas été auſſi-bien éclaircis qu'ils l'ont été depuis, appuyoit indifféremment le Clergé dans toutes les affaires avec une vivacité & une fierté qui ne ſe démentirent pas en cette occaſion. Elle fit menacer les Etats & l'Adminiſtrateur des cenſures de l'Egliſe, s'ils ne rétabliſſoient ſans tarder l'Archevêque ſur ſon ſiége, & dans tous les avantages dont on l'avoit privé.

Il eſt glorieux pour l'humanité que dans un ſiécle où la Philoſophie avoit fait ſi peu de progrès, un peuple entier ait diſtingué l'autorité légitime du Chef de la Religion, de l'abus qu'il en peut faire. Les Suedois en marquant beaucoup de reſpect au ſouverain Pon tife, parurent affez tranquilles fur les foudres qu'il préparoit contr'eux. Ils témoignerent de la répugnance à lui défobéir; mais enfin ils lui défobéirent, & ils aimerent mieux l'avoir pour enne- mi, que de rifquer de rallumer dans leur Patrie le feu des guerres civiles qu'ils avoient eu tant de peine à éteindre. Si cette généreufe réfolution avoit été accompagnée d'un excès d'emporte- ment, Rome fe feroit trouvée heureu- fe : dans la réfolution où elle étoit de pouffer les chofes à l'extrémité, elle auroit voulu paroître forcée à des vio- lences par des outrages qui les juftifiaf- fent. L'impoffibilité de mettre les ap- parences de fon côté ne lui fit pas aban- donner fes vûes : elle mit en interdit la Suede, excommunia l'Adminiftrateur & le Senat, ordonna le rétabliffement de Trolle, & pour comble d'injuftice chargea le Roi de Dannemark de pro- curer par la voie des armes l'exécution d'une Bulle si odieuse.

Christiern étoit & se montra digne d'une telle commission. Il ne l'eût pas plutôt reçue qu'il entra en Suede, & que sous prétexte de servir l'Eglise, il mit tout à feu & à sang jusqu'à Stokholm dont il forma le siége. Il comptoit sur la superstition du peuple, sur la frayeur des Bourgeois, sur la grandeur de ses forces, sur quelques intelligences qu'il avoit dans la garnison pour emporter en fort peu de tems la Place. Ces moyens lui manquerent ou ne furent pas suffisans, & il trouva une resistance que ses Lieutenans désespererent de vaincre. S'il les avoit cru il auroit abandonné une entreprise dont l'issue ne pouvoit être que funeste : sa présomption, sa haine, sa férocité l'aveuglerent. Il s'opiniâtra, & donna à l'Administrateur le tems d'arriver avec toutes les forces du Royaume. Il voulut alors s'embarquer, mais il étoit trop tard pour le faire avec sûreté ; & il lui en coûta son artillerie, son bagage, ses meilleurs Officiers, & presque toute son arriere-garde.

Ce malheur paroissoit devoir être le dernier de la campagne, & ne fut que le premier. Retenu trois mois entiers sur les côtes de Suede par les vents contraires, Christiern se voyoit exposé à périr par la faim s'il demeuroit sur ses vaisseaux, ou à être accablé s'il tentoit des descentes pour recouvrer des vivres. Dans cette extrémité il hasarda des propositions de paix que son caractere, & la situation où il se trouvoit auroient dû faire rejetter. Les Suedois n'avoient qu'à se tenir dans l'inaction pour voir périr l'ennemi le plus opiniâtre, le plus injuste & le plus féroce qu'ils eussent jamais eu, & avec lequel ils ne pouvoient jamais traiter avec sûreté. L'impatience de l'Administrateur le fit consentir à entrer en négociation,

& une forte de générofité le porta à envoyer des provifions, & des rafraîchif-
femens fur la flote. Cette facilité donna au Roi de Dannemark l'efpérance
d'attirer Stenon fur fon bord, & de l'y
retenir prifonnier ou de le faire maffacrer ; deux moyens qui lui paroiffoient
également propres à affervir la Suede.
Heureufement pour ce Royaume, le
Sénat s'oppofa à une démarche où il
ne trouvoit point de dignité & encore
moins de fûreté. Les ôtages que Chriftiern avoient envoyés ne raffûroient
perfonne. Tout le monde étoit convaincu que la crainte de les faire périr
n'empêcheroit jamais le Tyran de com-
mettre un crime utile.

Ce premier piége n'ayant pas réuffi,
le Roi de Dannemark en imagina un
autre qui lui parut plus adroit & qui
l'étoit. Il feignit une confiance entiere
pour une Nation qui n'en prenoit point
en lui, & il offrit pour abreger les for-

malités de se rendre lui-même à Stokholm. Comme la proposition n'offroit
rien au premier coup d'œil que d'honnête & de raisonnable, elle fut acceptée
sans examen, & on fit partir témérai-
rement les ôtages que Christiern paroissoit demander, moins pour sa sûreté que pour sa réputation. Ils ne furent
pas plutôt sur la flote qu'on profita, pour
s'éloigner avec eux & pour regagner
le Dannemark, d'un vent favorable qui
s'étoit levé peu d'heures auparavant.

Christiern voyant dans ses fers les
six Seigneurs de Suede les plus distin-
gués par leur naissance, par leur crédit,
& par leurs talens, crut que l'Union de
Calmar ne souffriroit plus de difficultés. Il se persuada ou que l'Administrateur privé de ses plus puissans appuis
se décourageroit, ou que les parens des
prisonniers le forceroient à se démettre
de sa dignité, ou enfin que les ôtages
séduits par ses caresses ou intimidés par

ses menaces, se détermineroient à secon-
der ses projets. Ces espérances n'étoient
pas chimériques ; cependant elles ne se
réaliserent pas. Stenon fut ferme, les
familles privées de leurs Chefs désin-
téressées, & les Captifs généreux. Le
Tyran ne vit de ressource que dans la
force des armes ; & les dispositions de
ses peuples ne lui permettoient gueres
de les reprendre avantageusement.

Les Danois haïssoient leur Roi, ils
étoient abbatus par des pertes encore
plus récentes, & ils craignoient beaucoup plus qu'ils ne souhaitoient des
succès qu'on pouvoit tourner contre
eux. Ces sentimens ne les disposoient
ni à de grands sacrifices, ni à de grands
efforts. Christiern le sentit ; il chercha
dans les trésors dont il dépouilla le Légat Arcamboldi des ressources pour
fournir aux frais de la guerre, & il ras-
sembla de tous côtés des troupes étrangeres pour la pousser avec vigueur. Le
mécontentement

mécontentement de ſes Sujets ne luï permit pas de conduire lui-même ſon armée en Suede : il en confia le commandement à Othon Crumpen, le plus grand Capitaine du Nord.

Ce Général entra dans la Gothie occidentale en 1519, & la ravagea. Si les Suedois s'étoient contentés de le fatiguer, & de lui couper les vivres, comme ils le pouvoient, cette expédition ſe feroit bornée à quelques cruautés, dont les ſuites auroient pû être de quelque avantage au Royaume, en y rendant le nom de Chriſtiern odieux à ceux mêmes qui avoient appuyé juſqu'alors ſes intérêts. L'Adminiſtrateur qui n'étoit que brave, ſe laiſſa malheureuſement aigrir par les railleries, & le mépris affecté d'un ennemi plus adroit que lui : il l'attaqua pour le punir de ſon audace, & il fut puni luimême de ſon imprudence. Preſque vainqueur au commencement de l'action,

il fut blessé à mort sur la fin , & cet
évenement décida du sort de la bataille.
Othon profita si à propos de la consternation où le malheur du Chef avoit
jetté les troupes , qu'il les enfonça &
les dissipa.

Ce premier avantage étoit considérable , sans être suffisant. Stenon qui
avoit pris une frayeur simulée pour un
mouvement de crainte , avoit cru pouvoir marcher aux Danois avec sa seule
Cavalerie , & avoit laissé son Infanterie avec dix mille Paysans à l'entrée de
la forêt de Tywede. Cette présomption
lui avoit coûté cher ; mais ce qui avoit
été un malheur pour le combat devenoit une ressource après la défaite ;
la Suede se trouvoit encore couverte
par de nombreuses troupes , dont une
partie étoit redoutable par sa férocité , & l'autre par sa discipline. Il falloit, ou les forcer dans des retranchemens qui paroissoient inaccessibles , ou

renoncer au fruit d'une premiere victoire. Othon qui craignoit moins les
difficultés qu'il n'aimoit la gloire, ne
balança pas ; & le succès justifia ce que
quelques hommes timides appelloient
alors sa témérité : après avoir été re-
poussé plusieurs fois, il pénétra dans les
retranchemens, & tout ce qui s'y trouvoit fut pris, passé au fil de l'épée ou
dispersé.

Cet évenement fit la destinée de la
Suede. Personne n'y ayant assez d'autorité ni pour rallier les fuyards, ni
pour ordonner de nouvelles levées, ni
pour convoquer les Etats, tout tomba
dans une confusion horrible. Les Paysans se refugierent dans les bois, les
Sénateurs s'enfermerent dans leurs
Châteaux, la veuve de Stenon se retira avec ses enfans dans Stokholm.
Le Royaume n'auroit pû être sauvé
que par l'élection d'un nouvel Administrateur ; les circonstances la pou-

voient faire paroître difficile , & les intrigues du Clergé la rendirent impoffible. Ce grand Corps qui ne sauroit
être jamais affez refpectable pour l'intérêt des mœurs , ni trop foible pour la
tranquilité des Nations , nourriffoit
depuis près de deux fiecles des idées
d'ambition auxquell s il fe livra avec
fureur lorfqu'il crut pouvoir les réalifer.
Il étoit foutenu & encouragé par Trolle qui avoit profité des malheurs publics pour remont r fur fon fiége , & ,
qui y avoit rapporté tous les vices qui
l'en avoient fait exclure. Ce Prélat, en
qualité de premier Sénateur né, convoqua les Etats-Généraux à Upfal , & y
fit arrêter la fuppreffion de la dignité
d'Adminiftrateur, & le rétabliffement
de l'Union de Calmar en faveur de
Chriftiern. L'affemblée n'étoit, il eft
vrai , compofée que de quelques Membres fuperftitieux , foibles ou ambitieux , qui avoient été , ou féduits par

l'exemple des Ecclefiaftiques, ou intimidés par l'armée d'Othon, ou gagnés
par les promeffes de la Cour de Copenhague : mais ce qui y avoit été arrêté
fut fucceffivement confirmé par tous
les Corps & par toutes les Provinces
du Royaume. Cette foumiffion générale fut également l'ouvrage des cenfures des Evêques, de l'activité des
Négociateurs & de la valeur des troupes. A juger fans prévention de ce
qui fe paffa alors, il paroît que le peuple combatit pour fa liberté, & que les
grands n'afpiroient qu'à la gloire d'ê-
tre les derniers à fe foumettre. Cet honneur étoit réfervé à Chriftine, veuve
du dernier Adminiftrateur. Tout avoit
fubi le joug, & elle étoit encore libre
dans Stokholm. Le Roi de Dannemark
l'y affiégea lui-même par mer & par
terre, & la réduifit à rendre la Place.
Ce dernier revers n'eût rien d'humiliant : la Princeffe montra beaucoup

d'habileté & de courage , mais elle manqua de munitions.

Le Nord entier étoit dans l'attente des fuites qu'auroient tous ces grands évenemens lorfqu'on vit reprendre à Chriftiern la route de Copenhague. Sa préfence y étoit néceffaire pour empêcher des mouvemens que la dureté de fon gouvernement & la circonftance de fon éloignement, faifoient regarder comme fort prochains. Le retour d'un Roi victorieux & irrité infpira de la crainte, & peut-être du refpect aux mécontens. Ils lui prodiguerent ces applaudiffemens qui, lorfqu'ils ne font pas la récompenfe de la vertu, font une preuve évidente de fervitude. Cette conduite raffûrant le Prince, & lui perfuadant que les Danois étoient tels qu'il les fouhaitoit, il tourna toutes fes vûes vers fes nouveaux Sujets.

La Suede pouvoit être retenue fous le joug ou par une douceur qui le lui

fit trouver léger, ou par une rigueur
qui la mit dans l'impoffibilité de le fecouer. Le premier parti étoit peut-être
le plus fûr ; mais le fecond étoit plus
dans le caractere de Chriftiern , & il
s'y arrêta. Il fut affermi dans fes idées
par fa Maîtreffe Sigebritte qui, loin de
lui adoucir les mœurs, le rendoit encore plus féroce, & par ces Courtifans
dont les inclinations du Prince diri-
gent toûjours le langage & fouvent le
jugement. Le moyen qui parut le plus
fûr & le plus fimple au Roi & à fes
Confidens , d'enchaîner pour toûjours
les Suedois fut de faire périr tous les
Grands de cette Nation qui pouvoient
infpirer des projets de liberté , les appuyer ou les diriger. Chriftiern partit pour Stokholm, déterminé à facrifier à fon ambition tout ce qui pourroit
lui caufer quelque ombrage.

Il trouva en arrivant comme il l'a-
voit ordonné, les Etats affemblés pour

fon Couronnement. Cette cérémonie
qui infpire la joie ordinairement, fut
une occafion de deuil pour toute la
Suede. L'Archevêque d'Upfal demanda publiquement juftice du fiége de
Steke, de la démolition de cette Place, de la fentence qui l'avoit forcé de
renoncer à fa dignité, & des domma-
ges qu'avoit foufferts fon Eglife. L'attention qu'il avoit eue de fe faire ac-
compagner par fes amis & par fes parens, donnoit à cette démarche un air
de décence & d'équité qui pouvoit im-
pofer à la multitude. Le Roi en parut
frappé comme s'il ne s'y fut pas attendu, quoiqu'il l'eut réglée avec celui
qui la faifoit. Il montra pourtant une
répugnance invincible à fe mêler d'u-
ne affaire dont le S. Siége étoit faifi,
& il la renvoya aux deux Evêques Danois, à qui le Pape avoit adreffé fa
Bulle : toute la part que fa confcience
lui permettoit, l'obligeoit même de

prendre à cet évenement, étoit, difoit-
il, de procurer l'exécution de la Sentence qui feroit prononcée. Pour s'en
affûrer le cruel pouvoir, il fit arrêter
la Veuve de l'Adminiftrateur, les Sénateurs Ecclefiaftiques & Séculiers qui
avoient affifté au jugement de Trolle,
& tous les Suedois de quelque diftinc-
tion que l'éclat des fêtes ou l'envie de
faire leur cour, avoit attirés au Château de Stokholm.

Ce préliminaire feul dictoit aux deux
Prélats, Miniftres des fureurs de Chriftiern, le jugement qu'ils devoient
porter. Nourris & confommés dans le
crime, ils auroient juftifié la confiance du tyran, s'il n'eût été dégoûté de
la longueur des formalités par la crainte des révolutions. Le danger qu'il
trouva à fufpendre le fupplice des Pri-
fonniers le lui fit hâter : il leur envoya
des bourreaux qui leur annoncerent
qu'il falloit mourir & mourir fans con-

feſſion. Ce dernier trait de barbarie
partoit d'une politique aſſez rafinée ; il
pouvoit faire réjaillir ſur la Cour de
Rome une partie de la haine qui devoit
ſuivre cet évenement : il n'étoit pas
impoſſible que le peuple qui prend
aiſément le change , s'imaginât que
c'étoient des Excommuniés , & non des
Citoyens qu'on pourſuivoit. Pour perſuader encore mieux que c'étoit la que-
relle de l'Egliſe , & non la ſienne qu'il
vengeoit , le Roi fit mourir indifféremment tous ceux qui avoient encou-
ru des cenſures , quoique pluſieurs de
ces malheureux fuſſent publiquement
dévoués à ſes intérêts. Le ſeul Evêque
de Lincopinc fut épargné en vûe d'ac-
créditer cette opinion : on trouva ſous
le ſceau de ſes armes qu'il avoit appoſé
à l'Arrêt rendu contre Trolle , & qu'on
examina à ſa priere , que la violence
ſeule l'avoit réduit à ſigner cette con-
damnation.

La fin tragique de tant de gens diftingués n'affouvit pas la rage de Chriftiern ; elle les pourfuivoit même après
leur mort, & s'étendit jufqu'à leurs ca-
davres. Ils furent privés des honneurs
de la fépulture, & brûlés comme excommuniés. Celui du dernier Adminiftrateur fut déterré, & traité avec le
même excès d'inhumanité. Sa Veuve,
& les meres ou les femmes de tous ceux
qu'on avoit fait périr auroient eu la
même deftinée, fi le tyran ne s'étoit
laiffé perfuader qu'il lui étoit plus avantageux de les conduire en Dannemark
pour s'affûrer de la foumiffion de ceux
de leurs parens ou de leurs amis qui
reftoient en Suede. Cette précaution
ne lui parut pas encore fuffifante. Son
caractere défiant & fanguinaire le porta à profcrire ce qui reftoit de gentilshommes puiffans, affectionnés à leur
Patrie, ou aimés des Peuples. Dès-lors
le maffacre de Stokholm fut renouvellé

dans toutes les Provinces. Avec ces
victimes expira l'espérance & presque
le desir de la liberté. Les loix anciennes furent abrogées, de nouveaux impôts établis, le despotisme porté au
dernier période, & il ne se fit point de
mouvement. La Nation accablée par
tant d'affreux revers alloit en quelque
maniere au-devant du joug. Tout le
monde vouloit paroître avoir toûjours
été du parti des vainqueurs, & on ne
craignoit rien tant que d'être soupçonné d'y avoir été mené par les évenemens. Le Vice-Roi Théodore, Archevêque de Lünden, homme foible
& voluptueux, gouvernoit aussi tranquillement le Royaume entier, que s'il
eut exercé une autorité légitime, ou
qu'il eut eu de grands talens. Rien ne
causoit & ne pouvoit causer de l'inquiétude à Christiern que la personne
de Gustave Vasa.

Ce jeune Seigneur qui descendoit

les anciens Rois de Suede, avoit une
taille avantageuse, l'air imposant, une
phisionomie séduisante, une santé que
les travaux, les besoins, les saisons ne
dérangeoient jamais, une éloquence
militaire qui prenoit un égal empire
sur les esprits & sur les cœurs. Né avec
un génie décidé pour la guerre, il réussissoit également à livrer une bataille,
à former un siége, à brusquer un parti,
à passer une riviere, à faire manœuvrer
ses troupes dans la plaine & dans les
montagnes. Sa valeur quoiqu'impé-
tueuse étoit reflechie, & il portoit toûjours dans ses démarches qui étoient
quelquefois nécessairement hasardées,
les reflexions & les vûes d'un Législa-
teur. Il savoit également saisir les circonstances & les faire naître, méditer
ses desseins & en presser l'exécution,
profiter des bons évenemens & réparer les mauvais, régler le present &
prévoir l'avenir. Son caractere natu-

rellement audacieux auroit tout voulu emporter par la force : fes reflexions l'avoient rendu capable d'employer à propos les préfens , les careffes , les marques d'eftime ou de confiance , & tous les détours de la plus fine politique. Contre l'ordinaire des Conquérans , il n'étoit point aigri par les difgraces : ferme fans être opiniâtre , il confervoit toûjours affez de fang froid & de raifon pour abandonner une entreprife dont le fuccès lui paroiffoit impoffible ou acheté trop cherement. Il avoit le talent de tout voir par fes yeux fans paroître défiant , de tout faire luimême fans avoir l'air de méprifer fes Lieutenans , de conduire à la fois plufieurs projets très-différens & très-compliqués fans être trop occupé. Son adreffe à cacher également fa foibleffe aux fiens & à l'ennemi étoit finguliere ; il fe conduifoit fi finement qu'il perfuadoit aux deux partis qu'un avantage

qu'il ne pouvoit pas remporter n'étoit
pas un avantage. Personne n'eut autant que lui l'art de se faire obéir sans
commander , d'être adoré sans trop
rechercher la faveur populaire, de s'attirer la confiance des autres sans prodiguer la sienne , d'exécuter de grandes
choses avec de petits moyens. Tout le
tems que la Suede fut malheureuse , il
ne connut que trois passions, le desir
de la gloire, l'amour de la Patrie, la
haine des Danois. Des circonstances
plus favorables fournirent à son ambition l'occasion de se développer & de
se satisfaire. C'étoit un homme supé-
rieur, né pour l'honneur de sa Nation
& de son siecle , qui n'eut point de vices, peu de défauts , de grandes vertus
& encore de plus grands talens.

Gustave avoit commencé à se signa-
ler au siége de Steke, & au combat de
Vedel. Dans la premiere de ces deux
occasions, il avoit montré tant d'in-

telligence, & une intrépidité si héroïque dans la seconde qu'il avoit fixé sur
lui les yeux de tout le Nord. Cette réputation naissante avoit causé tant d'ombrage à Christiern, qu'il avoit cru tous
ses projets sur la Suede ruinés sans re-
source, s'il ne réussissoit à perdre un
ennemi qui pouvoit les traverser si efficacement. A force d'en chercher les
moyens, il étoit parvenu à l'obtenir
pour ôtage devant Stockholm & à l'a-
mener en Dannemark par une trahi-
son. Il l'y auroit fait périr s'il n'avoit
craint d'[illegible] par-là une Maison puissante, qu'il espéroit intimider & enchaîner en quelque maniere en le lais-
sant vivre. Cette considération avoit
garanti Gustave de la mort, mais non
des fers : il auroit apparemment suc-
combé sous leur pésanteur, comme la
plûpart des Compagnons de son infortune, sans les soins d'Eric Banner son
parent. Ce généreux Danois avoit ob-
tenu

enu qu'il lui fût confié en promettant
de travailler avec chaleur à le détacher
des intérêts qu'il avoit appuyés jufqu'a-
lors. Il l'avoit mené à fon Gouvernement de Calo, & l'y avoit fait joüir
des douceurs de l'amitié, des déférences de l'eftime, & de plus de liberté
qu'on n'en doit fagement accorder à un
Prifonnier. Ce traitement n'avoit pû
faire oublier à Guftave qu'on affervif-
foit fa Patrie, & il s'étoit échappé
pour l'aller défendre ou pour la venger après la mort de l'Adminiftrateur.
Perfonne n'avoit voulu fejoindre à lui,
ni ofé le recevoir, tant les courages
étoient abbatus, & la haine de Chriftiern contre lui active & publique.
Après avoir erré long-tems, profcrit,
inconnu, trahi, il s'étoit tenu enfermé
chez un ancien Domeftique de fa maifon où il avoit appris la mort de fon
pere, & le maffacre de Stokholm. Cette
horrible cataftrophe l'avoit déterminé

à gagner la Dalecarlie, la contrée du
Royaume où il pouvoit se cacher moins
difficilement, & espérer avec plus de
fondement des secours pour une révolution. Les premiers pas qu'il avoit fait
dans ces montagnes n'avoient pas été
heureux. Il y avoit été volé par son
Guide, réduit par le besoin à travailler
comme un simple Ouvrier aux mines de
cuivre, & forcé enfin de se découvrir,
ce qu'il regardoit comme le plus grand
de tous les malheurs. Il est vrai que le
Gentilhomme qui l'avoit reconnu avoit
montré des égards pour sa personne,
& une compassion fort vive pour ses
malheurs; mais des sentimens qui se
terminoient à lui n'affectoient pas son
ame. Un homme d'un esprit assez élevé pour ne voir rien de grand dans
l'univers que le salut public, & d'un
cœur assez généreux pour tout sacrifier
au bonheur de le procurer, étoit ce
qu'il cherchoit, & le hasard ne le lui

avoit pas fait trouver. Un fi grand
avantage ne pouvoit être gueres que
l'effet du choix, & il étoit tombé fur
Peterfon. Cet Officier d'une valeur
éprouvée fous les yeux même de Guftave, s'étoit trouvé un traître, qui
avoit voulu le livrer aux Danois : il
avoit échappé à ce nouveau péril, &
trouvé chez un Curé un afyle qui devint le berceau de la liberté, de la
gloire, & du bonheur de la Suede.

Cet Ecclefiaftique étoit un homme
fage, défintéreffé, inftruit, accrédité,
zélé pour fa Patrie. Les dehors fimples
qui cachoient cette grande ame aux
yeux du vulgaire, ne tromperent pas
Guftave : il fentit qu'il avoit trouvé un
Confident tel qu'il le lui falloit, & il
ne tarda pas à lui communiquer fes projets. Dès-lors ces deux hommes d'une
proféffion fi différente, mais d'un même caractere, fe devinrent néceffaires
l'un à l'autre. Ils balancerent la defti-

née du peuple subjugué & du vainqueur ; ils peserent les inconvéniens de
la soumission & de la résistance ; ils
comparerent les obstacles qu'ils devoient trouver aux forces qu'ils pouvoient rassembler pour les vaincre.
Tout bien examiné la révolution qu'ils
méditoient leur parut possible , & le
plan en fut arrêté.

Pour commencer à l'exécuter, le
Curé fit courir le bruit que la Dalecarlie n'avoit été plus ménagée jusqu'alors
que les autres contrées du Royaume,
que parce que sa situation l'avoit rendue plus redoutable ; que les Conquérans humiliés d'avoir été forcés d'user
de quelque condescendance alloient
entrer en force dans la Province ; qu'ils
se proposoient d'y construire des ci-
tadelles & d'y établir de nouveaux
impôts ; & qu'ils en regardoient tous
les Habitans comme des victimes
destinées à la mort ou à l'esclavage.

Ces nouvelles répandues avec art par des Eccleſiaſtiques qu'on avoit gagnés & avec enthouſiaſme par ceux qu'on avoit perſuadés, firent une impreſſion étonnante ſur la multitude. Les eſprits parurent auſſi échauffés, & les cœurs auſſi aigris que ſi on eut déja éprouvé tous les maux qu'on craignoit. Comme ces diſpoſitions étoient précieuſes, & qu'il étoit important d'empêcher le feu qu'on avoit allumé de s'affoiblir ou de s'éteindre, Guſtave ſe rendit à Mora où ſe faiſoit tous les ans durant les fêtes de Noël un concours extraordinaire. Quoiqu'il fut aſſuré que ſa naiſſance, ſa réputation, & ſes malheurs avoient diſpoſé les peuples prevenus de ſon arrivée à l'écouter favorablement ; les graces de ſa figure, la dignité triſte & majeſtueuſe de ſon maintien, la force de ſon éloquence produiſirent un effet auquel il ne ſe feroit jamais attendu. La fidélité

qu'on avoit promife à Chriftiern fut
fur le champ déclarée nulle, la mort
de tous les Danois qu'on trouveroit ar-
rêtée, & le rétabliffement de la liberté
publique juré avec des tranfports qui
ne font jamais excités que dans des affemblées populaires & tumultueufes.
Quelques Payfans foibles ou timides
voulurent s'oppofer au torrent; mais
ils furent traités avec mépris. Guftave
fe vit en un moment à la tête de quatre cens hommes qu'il conduifit fans
leur donner le tems de reflechir, & par
des chemins détournés au pied d'un
Château où le Gouverneur de la Province faifoit fon féjour. La fécurité de
l'ennemi, la furprife d'une attaque im-
prévûe, les ténebres de la nuit, & une
premiere ardeur firent réuffir une entreprife qui pouvoit paroître téméraire,
& qui n'étoit que hardie. La Place fut
emportée par efcalade, & la garnifon
paffée au fil de l'épée. Les jours fuivans

furent employés à forcer d'autres poftes importans, à piller les magafins
que les Danois avoient formés dans le
pays, à maffacrer ceux qui étoient
chargés de lever les nouveaux impôts.
A mefure que la petite armée paffoit
dans un canton, elle étoit groffie par
la plûpart des habitans qui étoient en
état de combattre. Bien-tôt on accou-
rut des lieux plus éloignés, & la Province entiere fe trouva en armes. Quelques gentilshommes profcrits qui s'y
étoient cachés, fe joignirent dès les
premiers jours de l'an 1521, à ceux
qui avoient levé les premiers l'étendart
de la liberté, & devinrent les Lieutenans de Guftave : ils donnerent de l'é-
clat à fon parti, & l'aiderent à mettre
quelque difcipline parmi des combat-
tans dont la férocité faifoit toute la
fcience militaire. Ces deux avantages
hâterent fes progrès, & il n'eut qu'à fe
montrer dans les petites Provinces voi-

D iiij

fines de la Dalecarlie pour les déterminer à fe foulever.

Si le Vice-Roi avoit eu quelque élevation dans l'efprit, ou un peu de courage dans le cœur, il auroit volé, à la
premiere nouvelle de ces mouvemens,
dans les lieux où ils fe faifoient, & il
fe feroit trouvé infiniment plus fort
qu'il ne falloit pour les étouffer. Un
caractere timide, le goût des plaifirs,
la crainte de perdre fes tréfors de vûe
lui perfuaderent qu'il étoit plus fage
d'attendre dans Stokholm les ordres
de fon Maître, & il les lui demanda.
Chriftiern fe trouvoit alors dans une
fituation terrible : il avoit irrité le Clergé de Dannemark en favorifant le Luthéranifme, la Noblefle en la dépouillant de fes priviléges, le peuple en l'ac-
cablant d'impôts : le mécontentement
étoit fi vif & fi général qu'une révolution devenoit infaillible fi le Prince fe
fut éloigné. Ces circonftances le dé-

erminerent à se reposer entierement
ur le Vice-Roi de tout ce qui concer-
noit la guerre de Suede, & il lui envoya ordre de marcher aux Mécontens.

Lorsque l'Archevêque de Lunden
voulut rassembler ses troupes, il se trouva beaucoup moins fort qu'il ne l'a-
voit espéré. La plûpart des Suedois de
son armée avoient abandonné leurs dra-
peaux, ou paroissoient disposés à les
abandonner : les Corps étrangers se
rendirent maîtres des Places qu'ils dé-
fendoient, & s'y fortifierent ou pour
assûrer leur solde ou pour traiter plus
facilement avec le parti qui resteroit
victorieux : les Danois étoient ruinés
par la débauche, & mécontens de quit-
ter des quartiers où ils commettoient
impunément des violences & des in-
justices. Malgré tous ces contre-tems,
il restoit au Vice-Roi plus de forces
qu'il n'en falloit pour vaincre, & il se

porta fur la riviere de Brunebec pour en
difputer le paſſage. Il efperoit que Guſtave feroit ou intimidé par la menace
qu'on lui faifoit de faire mourir fa fœur
& fa mere, ou étonné par la largeur &
la profondeur du fleuve qu'il falloit traverfer, ou effrayé par la fupériorité de
l'armée qu'il falloit combattre. La con-
tenance fiere & hardie de ce jeune Général & d'environ quinze mille Dalecarliens qui le fuivoient, le détrompa.
Il craignit des ennemis qu'il n'avoit
compté d'arrêter qu'en s'en faifant
craindre, & il fe replia fans avoir rien
hafardé fur Vefteras Capitale de la Veft-
manie. La peur qui l'y avoit conduit
ne lui permit pas de s'y arrêter. Il retourna à Stokholm & s'y plongea dans
l'indolence & les voluptés dont il s'é-
toit arraché fi tard & avec tant de re-
pugnance. On eut dit qu'il croyoit la
guerre finie parce qu'il s'étoit éloigné
du péril, & qu'il n'entendoit plus le
bruit des armes.

Guſtave profita én grand homme de ces fautes, & de ces foibleſſes. Il paſſa le Branubec & marcha droit à Veſteras. L'imprudence de former un ſiége difficile avec des Payſans & ſans artillerie, & le danger de laiſſer derriere ſoi une Place forte, étoient trop ſenſibles pour ne pas faire impreſſion ſur lui. Il fit plus que connoître les difficultés, il les ſurmonta. Il s'approcha ſur le ſoir de la Ville à la tête de trois mille hommes, & ſe retrancha avec l'inquiétude apparente d'un homme qui commence à s'appercevoir qu'il s'eſt trop avancé. Son embarras trompa la garniſon : elle crut n'avoir à faire qu'à un ennemi foible & découragé, & elle ſortit de ſes murs pour l'accabler. Guſtave pour augmenter cette confiance ne ſe défendit d'abord que foiblement, & ſe laiſſa pouſſer juſqu'à des défilés où il avoit placé ſon infanterie : alors il fondit avec des troupes préparées à cet éve

ment fur des ennemis furpris & en défordre. Malgré cette inégalité, le combat fut vif & opiniâtre : on mettoit d'un
côté un grand intérêt à conferver l'Empire, & de l'autre un plus grand intérêt encore à recouvrer la liberté. A la
fin les Danois plierent fans fuir, & ils
faifoient une retraite digne de l'intrépidité qu'ils avoient montrée dans l'action, lorfqu'ils fe virent coupés par la
cavalerie Dalecarliene. Ce malheur put
leur ôter l'efpérance, mais il ne dimi-
nua pas leur valeur. Enveloppés de tous
côtés ils fe batirent en défefpérés, &
parurent moins occupés à défendre leur
vie qu'à faire acheter cherement leur
mort. Le peu qui échappa fut pour-
fuivi fi vivement que les foldats des
deux partis entrerent enfemble dans
Vefteras. La facilité que trouverent
les mécontens à s'en emparer, faillit à
être la caufe de leur ruine. Au lieu d'affûrer leur conquête par des précau-

tions sages & une exacte discipline, ils se répandirent dans tous les lieux où ils espéroient trouver du vin & des liqueurs. La nouvelle en fut bien-tôt portée à ceux de leurs compagnons qui étoient encore dans la plaine, & qui quitterent précipitemment leurs enseignes pour partager un plaisir auquel les peuples septentrionaux resistoient alors difficilement. Le Gouverneur du Château saisit l'instant où presque tous les Dalecarliens étoient ensevelis dans des caves pour hasarder une sortie & tâcher de les égorger. Cette entreprise réussissoit, lorsque Gustave arrivé à propos, ramassa ceux de ses soldats dont la raison n'étoit pas tout-à-fait éteinte, & s'en servit heureusement pour repousser l'ennemi dans la citadelle. Il ne se trouva pas en état de l'assiéger, & il fut réduit à en former le blocus.

La prise de Vesteras donna aux armes des mécontens un éclat qui eut des

suites très-avantageuses. Le projet de
secouer le joug de Christiern qui jusqu'alors avoit paru chimérique, commença à n'être trouvé que grand. On
en vint jusqu'à le croire facile quand
on vit former à la fois quatre entreprises importantes qui réussirent. Arvi-
de assiégea Vadestene dans la Gothie,
Laurens-Petri, Nicopine dans la Suder-
manie, & Olaüs-Bonde, Orebro dans
la Nericie : c'étoient trois Seigneurs
puissans qui s'étoient récemment déclarés pour le parti de la liberté, & qu'on
avoit chargés d'en hâter les progrès en
leur donnant des secours suffisans pour
appuyer la bonne volonté des habitans
de leurs Provinces. Gustave dirigeoit
de loin ces opérations & faisoit investir
sous ses yeux Upsal par Olaï & Erici
ses Lieutenans de confiance. Quoique
la Ville fut grande & fort peuplée, elle
se rendit sans resistance, parce qu'elle
n'avoit qu'une garnison foible & des

ortifications en mauvais état. Son Archevêque avoit caufé tous les malheurs de la Suede en y attirant & en y foutenant les Danois. Une conduite fi odicufe devoit mettre naturellement fes biens & fes Palais en péril. Ils furent pourtant refpectés, foit qu'on voulut gagner le Clergé par ces égards, rendre le Prélat fufpect à fon parti, ou le ramener aux intérêts de fa Patrie. Trolle fut auffi peu fenfible à ces ménagemens qu'à l'offre qu'on lui fit de lui confier la principale direction des affaires s'il vouloit appuyer la caufe commune de fa puiffance, de fes confeils & de fon crédit. Au lieu de fe rendre à tant d'empreffement, il partit de Stokholm avec environ quatre mille hommes & marcha à grandes journées vers Upfal, dans l'efpérance d'y furprendre & d'y exterminer les mécontens.

Ce projet n'étoit pas difficile à exécuter. Les Dalecarliens étoient retour-

nés depuis peu dans leurs montagnes
pour y faire la moisson. En vain leur
avoit-on représenté qu'en se séparant
ils donneroient à leurs ennemis le tems
de se reconnoître, & à leurs partifans
de se refroidir. Leur enthousiasme ne
s'étoit pas trouvé assez fort pour leur
faire sacrifier la subsistance de leurs familles à la gloire d'accélérer ou d'assûrer la révolution. Leur retraite n'avoit
rien changé dans la moitié du Royaume qu'ils avoient conquise en moins de
six mois ; mais le mouvement communiqué à l'autre s'étoit ralenti , perdu
même tout-à-fait. Gustave qui n'avoit
cru ni juste ni possible de retenir malgré eux des gens qui servoient sans solde & qui étoient libres, s'étoit contenté de leur faire promettre qu'ils le
rejoindroient dans quelques semaines
pour finir avec lui le grand ouvrage
qu'ils avoient si fort avancé. En attendant leur retour, il s'étoit enfermé dans
Upsal

Upsal avec six ou sept cens hommes
qui étoient résolus de vivre & de mourir avec lui. Ce repos forcé n'étoit pas
pour lui un tems d'inaction. Il en pro-
fitoit pour unir, pour encourager ses
amis, & pour semer la discorde & la
défiance entre les Danois, & ceux des
Suedois qui appuyoient encore leurs
intérêts.

Ces entreprises paisibles & politiques occupoient si fortement Gustave
qu'il avoit tout-à-fait oublié qu'il put y
avoir des ennemis en campagne, &
qu'il fallût envoyer des partis, avoir
même des espions pour savoir ce qui se
passoit. Une si grande sécurité l'auroit
perdu, si deux gentilshommes qu'il
avoit secretement gagnés n'eussent précédé de deux heures l'Archevêque
pour avertir qu'il approchoit. On ne
jugea pas à propos de l'attendre dans
une place ennemie & sans défense, &
on se mit en marche pour gagner un

bois qui n'étoit pas éloigné. Afin d'aſſûrer cette retraite précipitée qui ſe faiſoit à la vûe d'un ennemi infinimenr
plus fort, l'intrépide Chef forma une
eſpece d'arriere - garde avec une compagnie de cavalerie qu'il avoit. Cette
précaution ſauva ſon infanterie entiere,
& ne lui coûta gueres que douze cava-
liers. Trolle ne retira d'autre avantage
de ſon expédition que le plaiſir d'avoir
vû fuir Guſtave devant lui : au lieu de
le pourſuivre juſqu'à ce qu'il l'eût pris
mort ou vif, il alla jouir des honneurs
du triomphe dans ſa Capitale. La haine ne lui tint pas lieu d'habileté en
cette occaſion ; & les mécontens dûrent leur ſalut à l'indolence & à
la vanité de l'homme du Royaume
qui ſouhaitoit le plus ardemment leur
ruine.

Quelque peu important que fut cet
évenement il fit beaucoup de bruit. Le
jeune Général pour redonner à ſes ar-

mes leur premier éclat, rappella auprès de lui les troupes qu'il avoit envoyées dans la Gothie. Les vrais Suedois qui croyoient le salut public attaché à sa conservation se rendirent en foule auprès de lui. Douze cens Allemans pour lesquels on avoit traité à Lubec avec le Colonel Saffi presserent leur marche, & montrerent dans cette conjoncture plus de zele qu'on n'en devoit naturellement espérer. Il est incroyable, quoique vrai, que tous ces mouvemens se soient faits, sans que l'Archevêque en eut la moindre connoissance. Cette ignorance fit sa sécurité & par conséquent sa perte. Il reprenoit en conquérant la route de Stokholm lorsqu'il fut si vivement attaqué qu'il échappa à peine avec la dixiéme partie de ses troupes. Ces foibles débris allerent offrir au Vice-Roi le triste spectacle de leur défaite, tandis que les vainqueurs rentrés dans Upsal délibéroient sur le

choix des entreprises qu'ils pouvoient
& devoient former.

Après de longues & fages reflexions
fur tous les partis qu'il y avoit à prendre, il fut décidé qu'on marcheroit
droit à Stokholm. On ne fe propofoit
pas d'en faire le fiége, parce qu'on
n'avoit point de flote ; mais on pouvoit
efpérer que les Danois effrayés par
leurs derniers malheurs abandonne-
roient la place, ou que les Bourgeois encouragés par le voifinage d'u-
ne armée victorieufe feroient main-
baffe fur la garnifon. Ni l'un ni l'autre n'arriva, & il fe trouva pourtant
qu'on avoit fait une manœuvre auffi
utile que favante. Le Vice-Roi & l'Archevêque dans la crainte que quelque
malheureux hafard ne les fît tomber
entre les mains de leurs ennemis s'en-
fuirent en Dannemark fous prétexte
de hâter les fecours que le Roi promet-
toit depuis long-tems, & que la haine

que fes Sujets avoient pour lui l'avoit
empêché jufqu'alors d'envoyer. La retraite de ces deux méchans hommes,
dont l'un foutenoit fon parti par l'autorité abfolue que lui avoit confiée fon
Maître, & l'autre par l'afcendant qu'il
avoit pris fur le Clergé, fut un évenement décifif pour les mécontens. Il irrita à la vérité Chriftiern jufqu'à lui faire
verfer par férocité le fang de la mere
& de la fœur de Guftave qu'il auroit dû
épargner par politique, & à le déterminer à condamner à mort comme traî-
tres tous les Suedois qui n'avoient pas
encore abandonné fes étendars ; mais
ce coup de défefpoir avança la révolution plus que la perte de plufieurs ba-
tailles. Dès cet inftant l'indépendance
du Royaume parut affez affurée, pour
qu'on crut pouvoir convoquer fans rif-
que les Etats-Généraux, & donner
quelque forme à un gouvernement qui
n'en avoit point.

E iij

L'affemblée fe tint à Vadeftene, &
ne fut pas nombreufe. La plûpart de
ceux qui auroient dû s'y rendre furent
arrêtés ou par la difficulté d'éviter des
troupes qui ravageoient encore prefque
toutes les Provinces, ou par la crainte
que les Danois ne repriffent tôt ou tard
le deffus : il ne s'y trouva de Députés
que ceux que l'amour de la Patrie, &
la haine des tyrans élevoient au-deffus
de tous les périls. Les réfolutions des
hommes de ce caractere ne pouvoient
manquer d'être hardies, & leurs démarches vigoureufes. Ils renoncerent
folemnellement à l'obéiffance qu'ils
avoient promife à Chriftiern, éleverent
leur Général, qui n'avoit dû jufqu'alors
fon autorité qu'à fon courage, à la dignité d'Adminiftrateur, & arrêterent
qu'on continueroit à faire une guerre
vive & fanglante.

Guftave plus grand que fa fortune fe
montra tout-à-fait digne d'exécuter de

pareils décrets. Il engagea les terres de sa maison pour se mettre en état de former des entreprises convenables à sa nouvelle dignité. Avec ces secours il vint à bout de réduire ou de corrompre les Gouverneurs de la plûpart des Places qui tenoient encore pour les Danois. Quelques Villes maritimes leur restoient encore ; l'Administrateur crut que pour les leur enlever il suffiroit de se rendre maître de la Capitale ; dans cette idée il en prit la route avec ce qu'il avoit de troupes. Il n'en étoit qu'à deux journées , lorsqu'il apprit que deux de ses Lieutenans qui en formoient depuis long - tems le blocus, avoient été forcés de le lever. Pour développer avec ordre les causes de cet important évenement , il faut reprendre les choses de plus haut.

Lorsque Christiern se rendit maître de la Suede, il donna le gouvernement de Calmar à Severin de Norbi, Ami-

ral de Dannemark, & lui confia enfuite durant fon abfence le commandement de toutes les troupes qu'il y laiffoit. Ce Seigneur fous des dehors infi-
nuans & flateurs qui lui attiroient tant
de graces, fe trouva avoir plus de vûes
& d'élévation qu'on ne lui en foupçon-
noit. Il fentit que dans la fermentation
où étoient alors les efprits, une révolution étoit indifpenfable, même prochaine; & il alla jufqu'à penfer qu'elle
pourroit fe faire en fa faveur : la difpofition abfolue d'une puiffante flote, de
l'Ifle de Gotlande & du Port de Calmar l'autorifoit à former de fi hauts deffeins. Le point important & difficile
étoit d'en dérober la connoiffance à la
pénétration des politiques & aux foupçons du Tyran; l'ambitieux Norbi en
vint à bout en attendant des circonftances que des hommes plus vifs ou moins
adroits que lui auroient manqué en
cherchant à les prévenir. La premiere

occasion un peu précieuse qu'il eut de suivre ses projets fut d'abord après le massacre de Stokholm : il réussit à faire révoquer l'ordre qui avoit été donné de noyer la Veuve de l'Administrateur, en persuadant à Christiern qu'il lui étoit plus avantageux d'acquérir des trésors considérables qu'on lui offroit, que de faire périr une femme foible & sans amis. Ce service disposa favorablement pour lui la Princesse, & fortifia l'espérance qu'il avoit conçue qu'elle pourroit se déterminer un jour à l'épouser. Pour l'autoriser à une démarche si singuliere & lever les difficultés qui devoient la traverser, Norbi s'exposa à tout : ses gouvernemens & sa flote devinrent l'asyle de tous les Suedois proscrits ou malheureux qui vouloient ou osoient s'y réfugier. Le hasard voulut que cette conduite ne fut pas remarquée par Christiern : mais elle n'eut aucune suite. Dans le tems qu'elle

commençoit à faire impreſſion, l'hé-
roïſme de Guſtave fixa tous les yeux,
& tous les vœux ſur lui. Ses premiers
ſuccès n'alarmerent pas l'Amiral : il
penſa qu'un jeune homme ſans reſſources, ſans conſeil & ſans expérience
ſuccomberoit ſous le poids d'une entre-
priſe auſſi difficile que celle de briſer
les fers d'une Nation, & que les mécontens ſe croiroient trop heureux dans
leur déſeſpoir de trouver quelqu'un qui
pût les garantir d'une ruine ou d'une
ſervitude entiere. Si Guſtave avoit été
un homme ordinaire, les choſes auroient
tourné ſans doute ainſi : mais ce Conquérant prit des meſures ſi juſtes, com-
bina ſi bien ſes démarches, étonna ſi
fort par la hardieſſe de ſes entrepriſes
qu'il ſe vit preſque maître de la Suede
avant qu'on eut penſé à la lui diſpu-
ter. Il auroit tout de ſuite couronné
ſes victoires par la priſe de Stokholm,
ſi Norbi n'avoit eu l'adreſſe de former

par son crédit une flote puiffante qu'il
y conduifit. Ce Danois qui n'avoit pas
tout-à-fait abandonné fes projets, quoiqu'il eut beaucoup perdu de fes efpérances, ne fut pas plutôt entré dans la
Place qu'il fit une fortie terrible & heureufe fur les affiégeans : leurs divifions
empécherent l'effet de leur valeur, &
ils furent chaffés de leurs lignes.

Guftave fe trouva à portée & en état
de prévenir les fuites de cette défaite.
Il recueillit les débris des troupes Sue-
doifes & Allemandes que la jaloufie de
leurs Chefs avoit fait battre, & les ramena devant Stokholm. La difcipline,
l'union & la confiance furent bien-tôt
établies dans l'armée; mais ces moyens
feuls étoient impuiffans pour emporter
la Place. Il falloit une flote pour en fer-
mer le Port, & on s'adreffa au Magiftrat de Lubec pour l'obtenir.

Cette République avoit d'abord
offert le fecours qu'on lui demandoit.

Elle avoit été dans la suite détournée
de le donner par la crainte que lui inf-
piroient l'ambition, le génie & les fuccès de Guftave. La déroute de Stc-
kholm que les deux partis lui exage-
roient également, quoique par des motifs très-différens, la ramena à fes premieres difpofitions : elle craignit l'u-
nion de la Suede avec le Dannemark
qui avoit déja beaucoup diminué, &
qui à la longue devoit ruiner totale-
ment fon commerce. Pour écarter ce
danger qui n'étoit pas réel, & pour fe
venger de quelques injuftices que Chriftiern lui avoit faites, elle s'engagea à
fournir une flote que dans des tems plus
heureux on avoit follicitée inutilement.
Quoique ce traité partit d'un faux principe, & qu'il fut en quelque maniere
l'ouvrage de la paffion, la Régence de
Lubec ne perdit pas de vûe fes intérêts.
Elle exigea des conditions qui auroient
été honteufes fi elles n'avoient été in-

difpenfables : elles rendoient la République maîtreffe abfolue du commerce
du Royaume, & arbitre de la paix &
de la guerre. Guftave ne fut un peu
dédommagé de ces facrifices que par la
vivacité & la bonne foi avec lefquelles
on le fervit : il reçut auffi-tôt qu'il pouvoit l'efpérer, le defirer même, les
troupes de débarquement qui devoient
le mettre en état de preffer le fiége, &
les vaiffeaux qui pouvoient empêcher
fes ennemis de le troubler.

Norbi n'étoit plus alors ni dans le
port ni fur les côtes de Stokholm.
Après en avoir fait lever le blocus, il
étoit allé au fecours des autres Places
maritimes qui tenoient encore pour le
Dannemark, & qui étoient preffées. Ce
foin ne lui avoit pas fait perdre de vûe
la Capitale, & il y avoit envoyé de
Finlande un convoi qui fut intercep-
té. Un malheur fi grand l'inftruifit de
l'arrivée & des forces des nouveaux

ennemis qu'il avoit à combattre. I[l]
raffembla fur le champ tout ce qu'i[l]
avoit de vaiffeaux, & tout ce qu'il p[u]
ramaffer de vivres, & alla chercher[,]
comme il le difoit, les téméraires qu[i]
ofoient lui difputer l'empire d'une m[er]
fur laquelle il avoit toûjours régn[é.]
Les deux flotes fe cannonerent un jou[r]
entier à la vûe de Stokholm avec u[n]
acharnement extrème. Les Danoi[s]
comptoient recommencer le combat l[e]
lendemain ; mais quelques préfages d[e]
tempête les réduifirent à chercher l[e]
foir même un abri auprès d'une Ifl[e]
peu confidérable dont le fond fans êtr[e]
éloigné du rivage étoit fûr. Une gêlé[e]
extraordinaire dans la faifon où o[n]
étoit les y furprit, & leurs vaiffeaux f[e]
trouverent pris & arrêtés dans la glace[.]
Guftave qui avoit l'œil à tout & qu[i]
favoit profiter de toutes les occafion[s]
fe détermina fur le champ à les alle[r]
brûler. Il fe fit fuivre des troupes étran-

geres plus propres que ſes Dalecarliens
à ce genre de combat , & à la faveur de
la nuit & de la glace il les conduiſit
juſqu'auprès de la flote. Le feu vif &
continuel qui en partoit les mit en dé-
ſordre ſans les mettre en fuite : les plus
adroits ſe bornerent à y lancer des tor-
ches enflammées , mais les plus braves
voulurent y monter. Cette double attaque étonna les Danois & les jetta dans
l'incertitude. Partagés entre le ſoin
d'éteindre le feu qui avoit pris à pluſieurs de leurs vaiſſeaux & celui de re-
pouſſer ceux des aſſaillans qui tâchoient
de ſe rendre maîtres des autres , ils auroient peut-être tous péri , ſi le Général de Lubec n'avoit fait ſonner la retraite ; il prétendit qu'il n'avoit pris ce
parti que parce que ſes troupes étoient
trop expoſées : mais perſonne n'ajoûta
foi à des diſcours ſi dénués de vraiſemblance. On reſta généralement
convaincu, ou qu'il avoit été gagné

par l'argent de Norbi, ou que fes fupérieurs lui avoient donné des ordres fecrets de n'affûrer que le plus tard qu'il pourroit l'indépendance de la Suede. De quelque principe que partît fa trahifon elle fauva les Danois : ils profiterent d'un foleil fort vif qui fondit la glace le lendemain pour s'éloigner des côtes, & d'un vent favorable qui s'éleva enfuite pour gagner Calmar. Ce Port n'étoit pas feulement pour eux un afyle, il leur offroit encore tout ce dont ils avoient befoin pour faire lever au printems le fiége de Stokholm qu'on ne difcontinuoit point pendant l'hiver. Une révolution qui dans l'intervalle changea la face du Dannemark, les força d'abandonner leurs vûes.

Depuis que Chriftiern étoit monté fur le Trône, il avoit été fucceffivement efclave de toutes les paffions qui dégradent les Princes & de celles qui

font

...nt le malheur des Sujets. Ces hon-
...euses & barbares inclinations l'avoient
...récipité dans des démarches qui
...voient été suivies du mépris & de la
...aine des peuples. Des fentimens fi
...tiles, mais fi dangereux étoient reftés
...uelque-tems cachés, & ils n'avoient
...claté que lorfque leur violence avoit
...té extrème. Au lieu de ramener ou
...'intimider le Monarque, cette con-
...oiffance l'avoit aigri & rendu plus
...éfiant. Perfuadé qu'il avoit perdu fans
...etour le cœur & l'eftime de la Nation,
...u ne voulant pas faire les facrifices
...éceffaires pour les regagner, il avoit
...ouvé plus fûr ou fimplement plus fa-
...ile de l'accabler. Cette idée avoit
...ôté à tous les Etats du Royaume leurs
...oix, leurs biens & leur liberté. Une
...rannie fi affreufe leur infpira une réfo-
...ution violente : ils propoferent au Duc
...e Holftein de fe joindre à eux pour
...étrôner Chriftiern, & de mettre fur fa

tête une couronne que ses mœurs le
rendoient digne de porter. Frideric
n'étoit pas né avec l'ambition nécessaire pour former lui-même ce projet;
mais il ne fut pas assez généreux pour
s'y refuser. Dès qu'on lui eut persuadé
que la révolution étoit infaillible, &
que l'Europe le verroit sans indignation succéder au Roi son neveu; il ras-
sembla secretement des forces pour appuyer les mécontens. Les Etats de Jut-
land sûrs d'être soutenus leverent l'é-
tendart de la révolte : ils renoncerent
publiquement à l'obéissance qu 'ils
avoient jurée à Christiern , & lui envoyerent signifier sa déposition. Cette
hardiesse lui en imposa : il crut tout perdu parce qu'on ne ménageoit rien , &
au lieu de faire tête à l'orage, comme
il le pouvoit peut-être, & comme il le
devoit certainement, il alla mandier
un asyle & des secours auprès de Charles-Quint son beau-frere. Sa fuite plaça

Friderie fur le Trône de Dannemark,
prefqu'auffi facilement que l'auroit pû
faire le droit le plus inconteftable.

Norbi apprit à Calmar la premiere
nouvelle de cette révolution. Le foupçon affez bien fondé qu'il eut, que
n'ayant point contribué à l'élevation
du nouveau Roi, il auroit peu de part
à fa faveur, lui infpira l'ambition de
s'en rendre indépendant. Ce projet le
conduifit avec fa flote dans l'Ifle de
Gotlande dont il étoit Gouverneur, &
qu'il efpéra retenir pour lui fous prétexte de la conferver pour Chriftiern. Sa
retraite ôta aux Danois qui étoient encore en Suede le courage, l'efpérance,
& la force de s'y maintenir. Ils abandonnerent d'eux-mêmes avec précipitation la plûpart des poftes qu'ils occupoient, ou y furent forcés en fort peu
de tems. Bien-tôt il ne leur refta que
quelques Places peu importantes dans
la Finlande dont on pouvoit fans in-

convénient renvoyer la conquête à u
autre tems , & la Ville de Stokhol
dont des raifons de politique qu'il fa
développer empêcherent Guftave à
fe rendre maître.

La garnifon qui défendoit depu
long-tems cette Capitale , fe trouva
fatiguée des incommodités d'un lon
fiége , & défefpérant d'être fecourue
offrit de capituler : elle exigeoit po
unique condition une fomme modiq
que les bourgeois auroient payée ave
joie pour être délivrés d'une domina
tion étrangere & tyrannique. Le ref
de la Nation avoit les mêmes fenti
mens , & paroiffoit attendre fa liber
de cet évenement. L'Adminiftrateu
qui ne voyoit aucun danger réel pou
l'Etat à le différer , crut que fes inté
rêts particuliers exigeoient qu'il ne l
hâtât point : il craignît que les Suedoi
n'oubliaffent fes fervices s'ils n'e
avoient plus befoin , & la crainte d

leur ingratitude le détermina à les forcer à la reconnoissance. Dans cette vûe,
il laissa traîner le siége sous prétexte
de le finir d'une maniere plus honorable ; mais en effet pour obliger par ce
fantôme de péril les Etats - Généraux
convoqués à Stregnez l'an 1523, de
lui déférer la Couronne. Cette politique étoit plus artificieuse que nécessaire. Gustave fut proclamé Roi avec
une unanimité & un enthousiasme qui
étoient nécessairement les suites de la
plus vive admiration & d'une espece
d'idolâtrie. Ce spectacle fut suivi d'un
autre aussi touchant. Presque tous les
Membres de l'Assemblée se rendirent
au camp, & furent témoins en y arrivant de la reddition de Stokholm, tant
les mesures pour faire arriver à propos
cet évenement, avoient été bien prises.
Pour qu'il ne manquât rien au bonheur
public, l'ennemi fut chassé peu de tems
après de la Finlande, & il ne resta

pas un feul Danois dans le Royaume.

Frideric occupé à s'affermir fur le Trône, avoit vû toutes ces opérations fans pouvoir les traverfer. Cette impoffibilité n'avoit pû être qu'un léger fujet de chagrin pour lui, à en juger par fon caractere plutôt que par fon ufurpation. S'il hafarda depuis quelques démarches qui paroiffoient détruire cette conjecture, il y fut comme forcé par les preffantes follicitations de Trolle, toûjours ennemi de Guftave, & furieux contre fa Patrie. Ce Prélat en lui répétant fans ceffe qu'il ne pouvoit, fans devenir la fable de fes Sujets & de l'Europe, fouffrir un fi grand démembrement de fa Couronne, & qu'il n'y avoit rien de fi aifé que de l'empêcher, parvint enfin à l'échauffer. Ce feu emprunté n'alluma pas, il eft vrai, d'incendie ; mais il détermina le Monarque Danois à fe faire couronner Roi de Suede, & à envoyer fommer

par des Ambaſſadeurs les Suedois de le
reconnoître pour leur Roi, cérémonies
toûjours ridicules lorſqu'elles ne ſont
que des cérémonies. Ces démarches
qui devoient brouiller irréconciliable-
ment les deux Nations, furent l'occaſion d'une réconciliation ſincere. Guſtave perſuada à Frideric que leur ſalut
dépendoit d'une union étroite contre
Chriſtiern leur ennemi commun. L'Iſle
de Gotlande où Norbi cherchoit à ſe
rendre indépendant & ſur laquelle les
deux Rois formoient des prétentions,
fut cependant le ſujet de beaucoup de
négociations & d'une légere rupture ;
mais de plus grands intérêts firent ceſſer
cette diviſion. La paix parut fixée depuis ſur des fondemens inébranlables.

Dès que Guſtave vit la tranquillité,
la gloire & l'indépendance de la Suede bien établies au-dehors, il penſa à
préparer dans l'intérieur du Royaume
le ſuccès des grands changemens qu'il

méditoit. Ce Prince auffi propre à gouverner qu'à vaincre, avoit fenti que l'Etat ne feroit jamais heureux & puiffant qu'on n'eut fubftitué de bonnes loix à la barbarie ancienne, & une police fage aux abus introduits par les troubles civils. L'importance de ces innovations l'avoit frappé, & il s'y étoit arrêté. Ce n'eft pas qu'il ne prévit les fuites terribles que pourroit avoir cette entreprife, mais fa fermeté lui fit braver des périls que l'élévation de fon ame lui faifoit regarder comme néceffaires. Il fut éclairé, foutenu & dirigé dans fes vûes par un homme célebre, qu'il eft important de connoître à fonds.

Ce Confident habile fe nommoit Larz Änderfon. Né de parens obfcurs & fans fortune, il avoit d'abord cherché dans l'Eglife des biens & des honneurs. Ses premiers pas avoient été heureux, & il étoit parvenu d'une ma-

niere diſtinguée à l'Archidiaconé de
Stregnez. Des cabales l'éloignerent
dans la ſuite de l'Epiſcopat, & le dé-
goûterent d'une carriere où l'on n'a-
vançoit que par les ſuffrages de la multitude. Son élévation lui parut plus
aſſûrée s'il la faiſoit dépendre d'un ſeul,
& il s'attacha à la Cour. Guſtave démêla bien-tôt dans la foule des Cour-
tiſans empreſſés à lui plaire, un homme propre à le ſervir; & dédaignant
toutes ces petites expériences ſi néceſſaires aux Princes médiocres, & qui
ne leur ſuffiſent même pas, il l'éleva
tout de ſuite au premier poſte du Royaume, & le fit ſon Chancelier.

Anderſon juſtifia cette hardieſſe.
C'étoit un génie que la nature avoit
fait profond, & que les reflexions
avoient étendu. Quoiqu'il eut l'ambition des grandes places, il avoit encore plus l'ambition des grandes choſes, & il aimoit mieux voir croître ſa

réputation que fon crédit. Il n'étoi[t]
pas Citoyen dans ce fens qu'il fe fu[t]
facrifié pour fa Patrie, mais il méritoi[t]
ce beau nom, fi on veut l'accorder au[x]
Miniftres qui ont des idées affez jufte[s]
pour croire que leur gloire eft infépara-
ble de celle de leur Roi & de leur Nation. L'exemple de ceux qui l'avoien[t]
précédé, ni le jugement de ceux qui l[e]
devoient fuivre n'étoient pas la regle d[e]
fa conduite : fes projets n'étoient cité[s]
qu'à fon tribunal & à celui de fon Maîtr[e.]
Cette indépendance qui ne peut être fen-
tie que par ceux qui l'ont, étoit accompagnée d'une fagacité qui faififfoit tou[t]
depuis les premiers principes jufqu'au[x]
dernieres conféquences, & d'une lumiere qui fournifloit des vûes fublimes &
les expédiens propres à les faire réuffir.
Le talent de hâter les évenemens fans
les précipiter lui étoit comme naturel,
& en paroiffant céder quelquefois au[x]
difficultés, il venoit toûjours à bout d[e]

les furmonter. L'étude de l'histoire &
fes reflexions l'avoient affermi contre
les murmures, les tumultes, les révol-
tes même ; & il étoit convaincu qu'a-
vec du courage, du fang froid & de la
politique on vient tôt ou tard à bout
de fubjuguer les hommes & de les ramener à leurs intérêts. Il favoit le détail des loix comme un Magiſtrat, &
en poffédoit l'efprit en Légiſlateur.
On refiſtoit d'autant moins à fon éloquence qu'elle partoit d'une raifon forte. Ce Miniſtre appartenoit plus à un
autre âge qu'à celui où il vivoit ; & fes
contemporains qui n'étoient pas à beaucoup près auffi avancés que lui, n'ap-
perçurent pas toute l'élevation de fon
caractere, ni l'influence qu'il eut fur
les révolutions qu'éprouva la Suede.

Ce Royaume étoit la proie des Eccléfiaftiques. Ils y étoient les maîtres
d'un grand nombre de Villes & de for-
tereffes, & formoient dans l'Etat mê-

me une efpece de République indépen-
dante de l'Etat. La puiffance & l'afcendant que la Religion leur donnoit
fur l'efprit de la multitude étoient pour
eux des moyens certains d'exciter à
leur choix des féditions ou d'appeller
les Danois. Toutes les fois qu'ils é-
toient mécontens du gouvernement &
qu'on vouloit empêcher leurs nouvelles ufurpations, ou les inquiéter dans
les anciennes, ils troubloient le repos
public. Pour comble de malheur ils
poffédoient tout l'argent, toutes les
richeffes de la Suede, & on étoit réduit ou à fe paffer de commerce, ou ce
qui étoit prefque un auffi grand mal,
à le laiffer faire par l'étranger. Ces inconvéniens remarquables étoient accompagnés des abus qu'entraînent néceffairement les ufages & les vices du
Clergé dans les lieux où il eft le moins
puiffant & le plus foumis.

La Nation entiere fouhaitoit un re-

...mode à un si grand mal. Anderson en
imagina un qui étoit peut-être infaillible, mais que la religion réprouvoit
certainement. Il crut nécessaire d'introduire dans le Royaume le Luthéranisme qui faisoit des progrès rapides
en Allemagne & qu'il avoit adopté par
cet esprit d'inquiétude si ordinaire à
tous ceux qui sont nés plus grands que
leur condition. Il conjecturoit avec
vraisemblance qu'on parviendroit sans
de trop grandes difficultés à rendre les
nouvelles opinions dominantes à la
Cour & parmi le peuple. La haine
qu'on avoit pour le Clergé & pour
Rome lui en étoit un sûr garant. Dans
ces idées les Ecclésiastiques ne pouvoient pas se détacher aussi aisément
d'un culte qui avoit été jusqu'alors la
source de leur opulence, de leur considération & de leur crédit ; mais c'é-
toit précisément cette résistance qui devoit fournir un prétexte pour les dépouiller.

Guftave fut frappé des vûes de fon Chancelier & les adopta. Une religion qui devoit le rendre plus abfolu , & fa Nation plus redoutable , lui parut réunir tous les caracteres de vérité. Il l'auroit profeffée fans tarder , s'il n'avoit cru que dans cette matiere, il étoit moins fûr de vouloir donner le ton à la multitude, que de confentir à l'en recevoir un jour. Cette confidération le détermina à obferver des dehors Catholiques , jufqu'à ce qu'il eut établi folidement le Luthéranifme dans le Royaume. Le fuccès des moyens qu'il choifit pour y réuffir , fut plus grand & plus rapide qu'il ne le pouvoit raifonnablement efpérer. Cette fecte connue feulement alors par le rapport néceffairement infidele de quelques Négocians , de quelques Soldats, de quelques Etudians , jetta tout-à-coup un très-grand éclat. Des Docteurs de réputation qu'on fit venir d'Allemagne, donnerent par leur conduite, par leurs écrits, & peut-être par leur orgueil une idée sublime de leur doctrine. Les hommes vertueux se rendirent à l'austérité de leurs mœurs, les gens d'esprit à la force de leur éloquence, & les Courtisans à une certaine faveur qu'ils paroissoient avoir. Le goût de la nouveauté séduisît les femmes ; & des disputes publiques toûjours fatales à la Religion qu'elles soumettent à l'examen particulier, acheverent d'imposer à la multitude : elle voulut juger, & décida comme il arrive toûjours, contre l'autorité.

A mesure que le Luthéranisme faisoit des conquêtes dans le Royaume, Gustave en faisoit sur le Clergé. Ce Prince, pour intéresser le peuple au succès de son entreprise, commença par abolir une espece d'impôts que les Curés avoient mis sur certains pechés. Il se rendit ensuite la bourgeoisie favo-

rable en dépouillant les Evêques du
droit qu'ils avoient ufurpé d'hériter
de tous les Eccléfiaftiques du fecond
ordre. Les Magiftrats lui dûrent bien-
tôt après leur jurifdiction extrèmement
refferrée & prefque anéantie par l'art
qu'avoient eu les Officiaux de s'emparer des affaires les plus profanes, fur le
moindre rapport qu'elles avoient à la
Religion. Ces premieres opérations furent terminées par une hardieffe importante. Les troupes furent mifes en quar-
tier d'hiver fur les terres du Clergé,
ce qui étoit fans exemple , & logées
dans de riches Abbayes, ce qui pro-
curoit le double avantage de foulager
les payfans & de contenir les Moines.

 Toutes ces épreuves furent fi heu-
reufes que le Roi fe crut autorifé à
hafarder davantage. Dans cette confiance, il fit obferver au Sénat que le
Royaume dans l'état d'épuifement où
il étoit ne refifteroit pas à l'Empereur,

fi

& ce Prince entreprenoit de rétablir
Chriſtiern comme on le publioit, &
qu'il languiroit toûjours ſi les Négocians de Lubec continuoient à faire ex-
cluſivement le commerce. L'aſſemblée
avoua que le mal n'étoit pas exagéré,
& elle demanda auſſi-tôt le remede.
Le Chancelier qui étoit préparé à ce
dénoument propoſa de prendre les deux
tiers des dixmes pour l'entretien des
troupes, & une partie de l'argenterie,
& des cloches des Egliſes riches pour
abolir, en payant les étrangers, les
priviléges odieux dont ils joüiſſoient.
Quoique ces expédiens paruſſent ne
devoir être goûtés que des ames d'une
certaine trempe, ils furent généralement approuvés, tant l'autorité de Guſtave & l'adreſſe d'Anderſon avoient
ſubjugué ou gagné les eſprits. L'Arrêt
qui les autoriſoit fut porté & mis auſſi-
tôt en exécution.

Cet acte d'autorité paſſa dans l'eſ-

prit du Clergë & d'une partie du peuple pour une preuve évidente de la foiblesse du Sénat, de la tyrannie du Prince & des progrès du Luthéranifme. Les
murmures, les libelles, quelques mouvemens même qu'infpirerent d'abord
ces idées ne parurent pas férieux. Il fe
formà quelque-tems après un orage qui
pouvoit avoir de fâcheufes fuites. Les
Payfans de plufieurs Provinces fe rendirent cette année felon l'ufage à la
Foire d'Upfal, pour y traiter des affaires de leur commerce, & plus parti-
culierement encore de la confervation
de leur liberté. Les atteintes qu'ils
croyoient que le gouvernement y avoit
données, & des infinuations artificieufes les avoient difpofés à fe plaindre,
& à fe faire eux-mêmes juftice, fi on
refufoit de révoquer l'Arrêt qui les
offenfoit. Ces difpofitions à un parti
extrème étoient dangereufes dans une
affemblée tumultueufe, & un état en-

ore mal affûré. Guftave en prévint
ous les effets en contenant par fa pré-
ence ceux qui pouvoient conduire une
fédition. Quelques mécontens plus vifs,
ou moins timides ne furent pas fi réfer-
és ; mais cette hardieffe déplacée fut
également funefte pour eux & pour
eur Patrie : au lieu d'ébranler l'autorité du Roi comme ils le vouloient, elle
ut affermie par leur fuite ou par leur
upplice.

Cette confpiration étoit à peine dif-
fipée, que le Clergé qui en avoit été
l'ame fecrete réuffit à en former une
autre. Il fufcita un perfonnage de théatre qui fous le nom de fils aîné du dernier Adminiftrateur fe forma dans l'E-
tat un parti confidérable. Quelques-
uns y entrérent par compaffion pour fes
prétendus malheurs ; d'autres dans l'efpérance d'une révolution qui pourroit
rétablir leurs affaires ; prefque tous les
Dalecarliens par zele pour la Religion

ancienne. Ceux des Evêques qui dirigeoient tous ces mouvemens avoient
imaginé que le Prince dégoûté de ses
projets par les conjurations multipliées
dont ils étoient cause, mettroit fin aux
persécutions qu'il leur faisoit souffrir.
Cette conjecture eût été plus que vraisemblable avec un homme ordinaire;
mais Gustave n'étoit pas seulement
ébranlé, par ce qui auroit renversé un
autre. Il prit les moyens les plus courts
& les plus sûrs pour finir une comédie
dont le dénoument, s'il eut trop tardé,
auroit pû n'être pas à son avantage, &
se reposa du reste sur sa fortune. Elle
le servit aussi bien qu'il pouvoit souhaiter. L'imposteur fut abandonné par
ses Partisans en Suede, chassé par Fré-
deric de Norvege où il avoit trouvé
un asyle & des secours, & livré à la
mort par les Magistrats de Rostoc qui
le sacrifierent à leur sûreté.

Les impressions sensibles de terreur

& de respect qui suivirent cet évenement, firent croire à Gustave que le
tems étoit arrivé de mettre la derniere
mains à ses grands desseins. Dans cette
vûe il convoqua l'an 1527 à Vesteras
les Etats-Généraux du Royaume. Il se
proposoit d'y obtenir la confirmation
de l'Arrêt rendu par le Sénat contre
le Clergé à l'occasion des Dixmes, d'y
faire condamner les Evêques à lui remettre toutes les forteresses dont ils
étoient les maîtres, & d'y contraindre
les Ecclésiastiques séculiers & réguliers
à se dessaisir de toutes les possessions
qu'ils ne pourroient pas justifier appartenir à leurs Eglises ou à leurs Com-
munautés par des actes authentiques.
Ces importantes opérations devoient
amener naturellement l'extinction du
culte ancien, réduire les deux puissances à une, & mettre fin, comme on
s'exprimoit, à la tyrannie de la Cour
de Rome. Le Roi qui avoit prévû des

contradictions avoit pris pour les furmonter toutes les mesures que la prudence pouvoit inspirer. Il s'étoit donné des soins pour faire élire dans les Provinces des Députés dévoués à ses intérêts. Des Officiers s'étoient rendus par ses ordres au lieu de l'assemblée sous prétexte de solliciter le payement des troupes, mais en effet pour l'appuyer. Sa Cour étoit également nombreuse & brillante. Cet appareil de grandeur lui avoit paru nécessaire pour en imposer à la multitude toûjours idolâtre de tout ce qui a de l'éclat.

Ces précautions qui préparoient d'un côté le succès des projets de Gustave, augmentoient de l'autre les soupçons des Mécontens. Le Clergé, quelques Seigneurs de la Gothie occidentale, & plusieurs Députés du Corps des Paysans s'unirent pour s'opposer à tout ce qui seroit proposé dans l'assemblée de contraire à leurs intérêts, à la Religion

Catholique, & au Gouvernement établi.
Pour donner de la confiſtance à leur
parti & le rendre plus redoutable, ils
penſerent à choiſir un Chef, & jette-
rent les yeux ſur Tureiohanſon.

Ce Factieux étoit plus propre à dé-
corer une liſte de Conjurés, qu'à conduire une affaire. Né inquiet & ſans
génie, il ne ſavoit ni ſe paſſer d'intrigues ni les débrouiller. Son ambition
ne partoit d'aucun des principes qui
font ſouvent faire des choſes héroïques ; mais de ces vils motifs qui con-
duiſent toûjours à des baſſeſſes ou à des
crimes. Il n'aſpiroit pas proprement à
être grand ; il auroit voulu ſeulement
dégrader le Roi qu'il haiſſoit & dont
il étoit jaloux. Quoiqu'il eut fait la
guerre toute ſa vie, il n'étoit ni Général ni Soldat : il manquoit d'habileté,
& on lui refuſoit même le courage. Le
ridicule plus autoriſé alors qu'aujour-
d'hui, d'être fier de ſa naiſſance, avoit

dégénéré en lui en manie : il aimoit mieux l'éclat qu'il recevoit de ses peres que celui qu'il auroît pû jetter sur ses descendans ; & dans le choix, il auroit préféré le bonheur d'être un homme de qualité, au mérite qui fait le grand homme. Les grandes possessions qui, aux yeux des sages ne sont que le moyen de faire des heureux, n'étoient pour lui que des possessions ; il y étoit si honteusement attaché, que dans une négociation dont il avoit été chargé pour l'Isle de Gotlande, il avoit trahi les intérêts de sa Patrie pour ne pas risquer les terres qu'il avoit en Dannemark. Aux titres de premier Sénateur & de grand Maréchal du Royaume, il avoit ajoûté la qualité d'époux de la Veuve du dernier Administrateur. Gustave qui craignoit toûjours la passion des Suedois pour les fils de Sture avoit cru devoir, pour sa sûreté, remettre leur mere entre les mains d'un homme sans talens.

Tureiohanson avec le caractere qu'on
vient de tracer , ne paroiſſoit gueres
propre à balancer l'autorité de Guſtave , & à déconcerter la politique d'Anderſon ; il procura pourtant à ſon parti
un triomphe paſſager qu'un homme de
génie auroit peut - être rendu durable.
La Cour par une précipitation dont
nous n'avons pu démêler la cauſe , &
qui ne pouvoit venir ni de la ſituation des choſes , ni des principes de
ceux qui les dirigeoient , fit plus que
de laiſſer entrevoir ſes projets dans la
premiere ſéance des Etats , elle les déclara ouvertemênt. Des prétentions ſi
énormes révolterent le Clergé & l'air
de deſpotiſme qu'on affecta ou qu'on
ne prit pas aſſez de ſoin d'éviter , diſ-
poſa pluſieurs de ceux qui ne lui étoient
pas favorables à ſe ranger de ſon côté.
Le grand Maréchal qui comprit qu'il
ſeroit appuyé , défendit la cauſe des
Eccléſiaſtiques, de la Religion Catho-

lique & de la liberté, avec un succès
complet. Ce contre-tems jetta Guftave
dans un étonnement dont il ne fortit
que pour fe livrer à une indignation
mêlée d'ordres & de menaces. Il déclara qu'il vouloit être véritablement Roi
ou abdiquer la Royauté, & quil falloit
ou qu'on confentit à toutes les deman-
des qu'il avoit faites, ou qu'on s'attendit à le voir fortir de Suede après qu'il
auroit été rembourfé de tous les frais
qu'il avoit faits pour la tirer d'oppref-
fion. La hauteur & le dépit de ce difcours ayant plutôt révolté les efprits
que ramené les cœurs, le Prince quitta
brufquement l'affemblée pour effayer
fi ce mouvement d'impatience ne pro-
duiroit pas quelque bon effet, & il fe
retira dans le Château fuivi de la plûpart de fes Partifans.

Cette retraite étoit imprudente, &
pouvoit avoir des fuites très-fâcheufes.
Il paroiffoit naturel que Tureiohanfon

profitât de la supériorité qu'elle lui
donnoit pour preffer les délibérations,
& pour faire arrêter ce qui convenoit à
fon parti. S'il eut tenu cette conduite,
il y a apparence que Guftave auroit
été obligé de fe contenter de l'autorité
dont il jouiffoit, ou qu'il fe feroit cru
trop heureux d'obtenir dans la fuite
une partie de ce qu'il exigeoit alors.
Heureufement pour ce Prince, le grand
Maréchal étoit un homme vain qui ne
s'occupa que de fon triomphe, & fes
amis des gens aigris qui jouiffoient de
leur vengeance. Le Chancelier dont
la politique étoit toûjours éclairée &
tranchante quand il le falloit, profita
de cette inaction en grand Miniftre. Il
employa fi à propos & avec tant d'art
les careffes, les menaces, les promeffes,
l'autorité & la raifon qu'il ramena affez
de voix à fon Maître pour lui faire accorder tout ce qu'il vouloit, & même
l'exclufion du Sénat pour les Evêques

à laquelle il n'avoit pas penfé. Le mouvement devint infenfiblement fi vif que
Turciohanfon & ceux des Députés qui
vouloient y refifter , furent forcés de
fe retirer à la hâte pour n'être pas maf-
facrés.

Guftave n'attendit pas pour faire
porter l'acte qui devoit changer le gouvernement que les imaginations fuffent
refroidies, ni pour l'exécuter que ceux
qui le défapprouvoient euffent eu le
tems de fe reconnoître. Il partit de Vefteras à la tête d'un corps de Cavalerie
fort confidérable , parcourut rapidement les différentes Provinces du Royaume , & établit partout fans obftacle
ce que les Etats avoient arrêté. Quelques mouvemens que hafarderent les
Dalecarliens pour s'y oppofer ne furent
pas heureux , & la punition qu'on tira
de la refiftance d'un peuple fi fier , fi
brave & fi redoutable , affûra la foumiffion des autres Suedois qui n'avoient

pas les mêmes avantages pour se défendre. Le mépris pour la Communi-
nion Romaine suivit la ruine & l'avi-
lissement du Clergé qui avoit été le but
de toutes les innovations qu'on venoit
d'introduire. Gustave se déclara enfin
Luthérien, & toute la Nation voulut
être de la Religion du Prince.

Rien ne prouve les progrès de l'esprit de servitude dans un Etat, comme
l'influence du Souverain sur la croyan-
ce des peuples. Le sacrifice de ses opinions qui coûte si peu à la Cour où on
n'a proprement que des préjugés, est si
grand à la Ville & dans les Provinces
où on a des principes, qu'il prépare à
tous les autres sacrifices, & même les
assûre. Cette reflexion qui ne pouvoit
pas échapper au Roi, ne le détermina
pas pourtant à rien précipiter. Soit qu'il
craignît de trop faire appercevoir à ses
Sujets l'empire qu'il prenoit sur eux,
ou qu'il soupçonnât qu'un esclavage

trop prompt pourroit glacer leur courage, il différa long-tems l'exécution
d'un projet qu'il regardoit comme ef-
fentiel à l'établiffement de fa maifon.
Ce ne fut que l'an 1544 qu'il demanda aux Etats convoqués à Vefteras que
la Couronne qui avoit toûjours été élec-
tive, fut déclarée héréditaire. Quoique cette innovation dût entierement
changer la forme du gouvernement,
& entraîner prefque néceffairement la
puiffance abfolue, elle n'éprouva point
de contradictions. La Nation avoit été
préparée avec tant d'adreffe à cet évenement, elle connoiffoit fi peu l'ufage
de fa liberté depuis les dernieres révolutions, qu'elle regarda la perte qu'elle faifoit du droit d'élire fes Rois comme un évenement fort fimple. Tel fut
le dernier acte d'un des regnes les plus
éclatans que le Nord ait vûs ; nous
ajoûterions d'un des plus heureux, fi
Guftave avoit été auffi jufte qu'il étoit

grand, & si en faisant par son caractere le bonheur de la Génération qu'il gouvernoit, il n'avoit pas préparé le malheur de celles qui dévoient la suivre en établissant un despotisme dont ses successeurs ne pouvoient manquer d'abuser.

HISTOIRE

DU DIVORCE DE HENRI VIII Roi d'Angleterre, & de Cathérine d'Arragon, depuis 1527, jusqu'en 1534.

HENRI VII. ayant réuſſi à éteindre le feu des guerres civiles qui avoit ſi long-tems embraſé l'Angleterre, penſa à redonner à ſa Couronne l'éclat dont elle avoit joüi autrefois en Europe. Pour commencer à exécuter ce projet qui étoit dans les principes d'une politique ſage & même néceſſaire, il demanda à Ferdinand & à Yſabelle leur fille Catherine d'Arragon pour ſon fils Arthur. Le mariage fut célébré le 14 Novembre 1501. Cette union ne fut pas heureuſe ; le Prince qui l'avoit contractée âgé de quinze ans, ſelon quelques Hiſtoriens, & de ſeize, ſelon

felon d'autres , mourut le 2 Avril
1502.

Cet évenement pouvoit avoir des
fuites importantes. Il étoit poffible
qu'il rompit les liens qui uniffoient
l'Efpagne & l'Angleterre , & qui les
rendoient redoutables à tous leurs voifins. Une raifon auffi forte devoit faire
fouhaiter aux deux Cours un expédient
propre à calmer leurs inquiétudes, &
elles le trouverent : il fut arrêté que le
nouveau Prince de Galles épouferoit
la Veuve de fon frere. On avoit befoin
pour former ces nouveaux nœuds d'u-
ne difpenfe du Pape , & on la lui demanda.

La France n'auroit pas dû voir d'un
œil tranquille des arrangemens dont
elle étoit le principal objet & dont elle
pouvoit devenir la premiere victime.
L'influence qu'elle avoit alors dans les
affaires d'Italie, l'affûroit qu'elle traver-
feroit avec fuccès une négociation, qui

de fa nature étoit remplie de difficultés.
Cependant Louis XII. refta dans une
inaction entiere, foit qu'il craignît d'u-
nir plus étroitement fes ennemis en les
contrariant, ou qu'il crut entrevoir
dans les prétentions oppofées qu'ils
avoient des caufes prefque infaillibles
d'une rupture affez prochaine. Henri
qui n'avoit reçu que la moitié de la dot
de Catherine vouloit que le refte fut
payé avant la conclufion du fecond
mariage ; Ferdinand foutenoit que le
douaire de fa fille devoit lui tenir lieu
de dôt. Comme ces deux Princes étoient
trop avares pour faire des facrifices, &
trop fermes pour céder, ils renvoye-
rent ces difcuffions d'intérêt à un autre
tems, & folliciterent vivement le confentement du S. Siége.

Jules fecond gouvernoit alors l'Eglife. Les voies qu'il avoit prifés pour
affûrer fon élevation n'avoient pas fait
efpérer un Pontife fort religieux, ni le

nom du premier Empereur Romain qu'il avoit choisi un Prince pacifique. Son caractere se trouva tel qu'on l'avoit imaginé. La guerre & la politique l'occuperent tout entier. Il ne parloit que de délivrer l'Italie du joug des barbares, & de la remettre dans l'état où elle se trouvoit en 1494, que toutes ses Provinces étoient gouvernées par des Princes qui ne possédoient rien ailleurs, & qui n'avoient pas d'autre patrie. Former un siége, hasarder un combat, entamer une négociation, c'étoit pour lui la même chose. Son inquiétude ne lui permettoit pas d'être sans projets, son impétuosité de les approfondir, son courage d'en craindre les suites, son ambition de les comparer avec ses forces, son opiniâtreté de les abandonner à propos : sans la majesté de son rang, & les dissensions qui partageoient de son tems l'Europe, ses fautes l'auroient précipité dans les plus grands malheurs. Le sublime de sa place lui échappa, & il ne vit dans la puissance spirituelle que le moyen d'accroître la temporelle.

Avec ces principes le Pape ne devoit consulter & ne consulta en effet que ses passions ou ses intérêts sur la dispense qu'on lui demandoit. Sa haine pour la France lui fit trouver du plaisir à favoriser l'union de deux Princes qui ne cherchoient qu'à humilier cette Couronne, & dont il espéroit se servir un jour pour lui arracher ce qu'elle possédoit en Italie. Cependant il ne parut se déterminer qu'après avoir pris l'avis des Théologiens, & appuyé de leur suffrage. Si on avoit cherché la voie que la Religion prescrivoit de suivre dans cette grande affaire, on auroit commencé par s'informer si le mariage avoit été consommé entre Arthur & Catherine, circonstance décisive dont il ne fut pas question.

Dès que la difpenfe accordée le 26
Décembre 1503, fut arrivée à Londres, Henri & fa belle - fœur furent
fiancés folemnellement ; mais le Prince
qui n'avoit alors que douze ans, n'eut
pas plutôt atteint fa quatorziéme année
qu'il fit en prefence de plufieurs témoins une proteftation en forme contre le confentement qu'il avoit donné.
On n'a jamais démêlé les motifs qui
déterminerent le Roi fon pere à lui
prefcrire une démarche auffi finguliere. Comme des fcrupules n'étoient pas
dans fon caractere , il eft vraifembla-
ble qu'il craignît qu'un mariage fi inu-
fité ne laiffât dans l'efprit des peuples
quelques nuages fur le fort des enfans
qui en pourroient naître, qu'il voulût
par cette proteftation mettre fon fils en
état de le rompre quand le tems de l'ac-
complir feroit arrivé, & jouir jufques-
là de la dot de Cathérine, & de la confidération que l'alliance de l'Efpagne

lui donnoit. Quoiqu'il en soit de cette conjecture, la protestation fut tenue si secrete que le public ni les parties intéressées n'en soupçonnerent rien. Les choses resterent dans cet état jusqu'à la mort de Henri VII. arrivée le 22 Avril 1509.

Le premier acte d'autorité que fit le nouveau Roi, fut de faire examiner par son Conseil s'il lui convenoit de serrer les liens qu'il avoit formés avec la Veuve de son frere. Tous les Ministres s'accorderent à convenir que ses intérêts politiques le demandoient ; mais Warham, Archevêque de Cantorberi , & quelques autres prétendirent que la Religion le défendoit. Cette opinion fut peu à peu abandonnée de ses partisans. Tous les suffrages se réunirent en faveur du mariage. Il fut célébré le mois de Juin 1509 , & la nouvelle Reine ne tarda pas à paroître enceinte. Elle se blessa plusieurs fois , & les en-

fins dont elle accoucha ne vécurent
que quelques femaines. Il ne lui refta
de fon union avec Henri, que Marie
qui fut déclarée Princeffe de Galles.

Peu de Reines ont pratiqué fur le
Trône autant de vertus que Catherine.
Des mœurs fimples, le goût de la retraite, l'amour de l'ordre formoient le
fonds de fon caractere; & les foins
domeftiques, la priere & le travail la
fuite de fes occupations. Ses actions
ne furent pas la plûpart fort éclatantes,
mais elles étoient toutes louables, &
avoient le mérite rare de n'être, ni
infpirées par le defir de la gloire, ni
foutenues par le cri de l'admiration.
Son ame étoit plus pure qu'élevée, &
fon efprit plus droit qu'étendu. Elle
eut peu de talens & encore moins de
prétentions. Quoiqu'il ne parut dans
fa conduite ni inclination ni éloignement pour les affaires, on peut foupçonner que la défiance où elle étoit

H iiij

d'elle-même l'en auroit toûjours éloignée, si la volonté du Roi ne l'en avoit
rapprochée quelquefois. Le devoir étoit
sa loi suprême, & on ne s'apperçut jamais qu'elle le remplit imparfaitement
ou avec répugnance. Les agrémens
de son sexe lui manquerent malheureusement. Elle n'avoit ni grace, ni dignité, ni desir de plaire; sa tristesse &
son indolence augmenterent avec l'âge
& avec les infirmités. Le dégoût de
Henri qui ne l'avoit jamais aimée devint insensiblement extrème, & ouvrit
le cœur de ce Prince à une passion fort
vive pour Anne de Boulen.

Cette jeune personne qui étant encore enfant avoit passé en France avec
Marie femme de Louis XII. avoit ser-
vi depuis en qualité de fille d'honneur
la Reine Claude, & ensuite la Ducheffe d'Alençon. Quelque important qu'il
fut de fixer l'époque de son retour en
Angleterre, on n'y a pas encore réussi.

L'opinion la plus vraisemblable est qu'elle repassa la mer après la funeste journée de Pavie ; soit qu'elle craignît de demeurer dans un Royaume où tout devoit naturellement tomber dans la confusion , ou qu'on l'eut secretement chargée d'employer ses charmes & le crédit du Comte de Norfolc son oncle pour détacher Henri de l'alliance de l'Empereur. Si cette derniere conjecture est vraie, comme nous ferions assez portés à le soupçonner , la Régente avoit fait un bon choix.

Anne étoit plus que belle , elle étoit piquante. Ses traits manquoient de régularité ; il en résultoit cependant un ensemble qui surpassoit la beauté même. L'éclat de la premiere jeunesse étoit relevé en elle par une taille parfaite, le goût de la danse, une voix touchante , & le talent de jouer avec grace de plusieurs instrumens. Quoique la France ne fut pas alors autant qu'elle

l'a été depuis en poſſeſſion de ſervir de
modele aux autres peuples, Anne y
avoit pris des manieres, un ton, des
modes qui fixerent ſur elle les yeux &
preſque l'admiration de la Cour de
Londres. Cette premiere impreſſion fut
ſoutenue par une converſation vive &
légere, par un enjoûment ingénieux
& de tous les inſtans. Les ſoupçons
que pouvoit faire naître ſon air libre
& trop careſſant, étoient détruits par
ſon âge & par ſa diſſipation. Elle ne
montroit de l'empreſſement que pour
les plaiſirs & pour les fêtes, & il paroiſſoit ſi peu d'art dans ſa conduite qu'il
étoit preſque impoſſible de lui ſuppoſer
des projets. Sa coquetterie ne fit pas
& ne devoit pas faire des impreſſions
fâcheuſes : on la regarda comme une
ſuite de l'éducation frivole qu'elle avoit
reçue, & non comme un vice du cœur,
ou le fruit de la reflexion. Les évenemens prouverent que ſon caractere

avoit échappé aux Courtifans les plus déliés : elle fe trouva diffimulée, profonde, ambitieufe, & fut tout cela à un haut degré & avant vingt ans.

Percy parut le premier fenfible aux charmes d'Anne, ou fut fi l'on veut, le premier féduit par fon adreffe. Ce jeune Seigneur avoit de la naiffance, la faveur du premier Miniftre & une fortune très-confidérable : il offrit tous fes avantages, & ils furent acceptés. L'Amant avoit rendu des foins avec tant de refpect, & l'Amante les avoit reçus avec tant de referve, que leur union auroit été confommée avant qu'on eut foupçonné leur paffion, fi l'amour n'avoit éclairé le Roi. Ce Prince brûloit d'un feu violent & fecret. L'hiftoire ne dit rien des motifs qui l'avoient empêché jufqu'alors de le laiffer éclater, & fon caractere ni celui d'Anne de Boulen n'aident pas à découvrir les caufes de ce filence. Tout ce qu'on fait, c'eft que Wolfey reçut ordre d'empêcher par les moyens qui lui paroîtroient les plus fûrs & les plus convenables, un mariage dont l'idée feule défefpéroit fon Maître.

Quoique Percy fut Domeftique du Cardinal, par un ufage qui autorifoit alors les Grands à fe mettre au fervice des gens en place, il ne fut d'abord attaqué que comme il l'auroit été par fon égal. On lui repréfenta que l'alliance qu'il projettoit ne convenoit ni à fa fituation ni à fes efpérances ; que fa Maîtreffe de bonne maifon feulement par fa mere, n'avoit ni ancienneté ni illuftration du côté paternel ; que fon élévation n'étoit pas affez avancée pour l'autorifer à époufer une femme fans bien & fans crédit ; que le Souverain défapprouvoit une union fi peu affortie ; & qu'il falloit fe réfoudre à y renoncer ou à foutenir le poids de fa difgrace. Quelques Ecrivains ajoûtent

qu'on voulut allarmer l'amour auffi-
bien que l'ambition, & qu'on hafarda
des infinuations qui pouvoient faire
naître des doutes, & conduire peut-
être au dégoût. Ces raifons & ces artifices ne firent point d'effet ; il fallut renoncer à la perfuafion & recourir à
l'autorité du Comte de Northumber-
land.

Ce vieux Courtifan qui avoit pris
cet efprit de fervitude qu'on contracte
fi aifément auprès du Trône, fut indi-
gné de voir fon fils dans d'autres fentimens. Il voyoit tant de facilité à faire
céder fes goûts à ceux du Prince, que
la réfiftance dont on fe plaignoit étoit
à fes yeux un crime que rien ne pouvoit juftifier. Tout autre mouvement
de l'ame que l'ambition lui paroiffoit fi
foible & fi méprifable, que la fituation
violente de Percy ne lui infpira pas un
inftant de compaffion. Il exigea brufquement le facrifice d'une paffion ex-

trème ; & telle étoit encore alors la
force de l'empire domeſtique, qu'il obtint tout ce qu'il demandoit. L'obéiſ-
ſance fut même pouſſée plus loin qu'il
n'étoit peut-être néceſſaire, & que certainement on ne s'y attendoit : l'infor-
tuné qu'on forçoit de renoncer à ſa
Maîtreſſe, forma d'autres nœuds qui
lui interdiſoient à lui tout eſpoir de retour, & qui délivroient ſon rival de
tout ſujet de crainte.

Le Roi crut la circonſtance favorable pour déclarer lui-même à Anne les
ſentimens qu'il avoit pour elle, & il la
trouva plus fiere qu'il ne l'avoit cru.
Eclairée par ce qui venoit d'arriver ſur
la violence de la paſſion qu'elle avoit
inſpirée, & ſûre d'avoir aſſez de manége pour l'augmenter encore, elle crut
qu'elle ne riſquoit rien à montrer peu
de complaiſance & beaucoup d'élévation. Cette perſuaſion la détermina à
paroître plus offenſée que flattée des

propositions du Prince, & à lui signifier qu'elle seroit sa femme ou ne lui
seroit rien. Tout ce qu'on imagina
pour la faire changer fut inutile, &
dans cette occasion l'ambition la rendit
chaste.

C'est à cette époque que les Ecrivains Catholiques fixent la premiere
idée qu'eut Henri de faire divorce avec
Catherine ; les Protestans la font re-
monter plus haut. Ce point de chrono-
logie est si indifférent pour la Religion,
qu'il doit paroître très-singulier qu'on
en ait fait une affaire de parti. Que le
Roi ait imaginé plutôt ou plus tard
que son mariage étoit nul, c'est-là une
de ces circonstances qui visiblement ne
changent rien au fond de la question.
Les Historiens ont pû avoir un autre
intérêt : les uns ont voulu noircir, &
les autres justifier un Prince qui étoit
parvenu à changer le culte reçu dans
les Etats : avec plus de reflexion ou

moins de préjugés ils auroient vû que la réformation d'Angleterre ne devoit être ni approuvée ni condamnée par les mœurs de son auteur.

Quoiqu'il en soit de ces raisonne-mens, pour établir ou pour détruire que le dessein du divorce a été inspiré par le desir de former de nouveaux nœuds avec Anne, il faudroit pouvoir marquer le tems de son retour en Angleterre, du commencement de la passion du Roi pour elle, & de sa détermination à l'épouser ; trois objets sur lesquels on n'a fait jusqu'ici que des efforts assez inutiles. On n'a été gueres plus heureux dans un autre point qui paroissoit aussi essentiel, c'est à trouver la date précise de la resolution prise par Henri de répudier Catherine. Dans cette obscurité chaque parti s'est formé le sistême qui lui a paru le plus conforme à ses intérêts, & s'y est opiniâtrément attaché. On auroit évité les longues

ongues & ameres contestations que la
différence des opinions sur cette matiere, a occasionnées, si on avoit été assez
désintéressé de part & d'autre pour s'appercevoir que Wolsey étoit l'unique,
ou du moins la principale cause de ce
grand évenement.

Cet homme célebre rapidement élevé de la condition la plus basse au mi-
nistere & à la pourpre, vouloit beaucoup de choses, & pouvoit tout ce qu'il
vouloit. Redevable de son avancement
à l'étude profonde qu'il avoit faite du
caractere de son Maître, il se soutenoit
par l'art qu'il avoit de flatter ses goûts
& ses passions. Son administration
étoit un mélange singulier, & quelquefois bisarre de vices réels & d'apparentes de vertus, de vûes étendues & de
petits intérêts particuliers. Habile à
saisir les ridicules, & à faire sentir les
fautes de ceux qui occupoient les premieres places, il vint à bout de les

perdre , & il remplaça lui feul fes pro-
tecteurs & fes ennemis. Tant de bonheur lui donna les travers & les défau[ts]
des hommes agréables & néceffaires. I[l]
eut la dureté d'un premier Miniftr[e]
bien affermi , & l'orgueil d'un favo[ri]
fans rivaux. Son ambition , fes injuftices , fon luxe , fes vengeances aigrire[nt]
inutilement les peuples : maître abfo[lu]
de tout ce qui entouroit le Prince , i[l]
ne laiffoit pas arriver les murmures ju[f-]
qu'à lui , ou l'empêchoit d'y avo[ir]
égard en l'adouciffant par des foumi[f-]
fions , le perfuadant par des juftifica-
tions , ou lui impofant par des hauteurs , felon qu'il le voyoit difpofé. U[n]
afcendant fi marqué étoit le fruit de f[a]
complaifance , de fa dextérité , du foi[n]
qu'il avoit de ne mettre en place qu[e]
des hommes médiocres & qui étoien[t]
à lui , fur-tout de la confufion que le[s]
prétentions de la France & de l'Efpagne jettoient dans les affaires généra[-]

s. Henri crut devoir au génie de Wolfey, la gloire d'être l'arbitre de l'Europe qui étoit l'ouvrage des feules circonftances. Cet empire fur l'Angleterre en impofa aux autres Nations: elles briguerent par des prefens & des foumiffions fans bornes l'appui d'un homme fi puiffant; Charles-Quint même, & François I. chercherent à le gagner par les plus baffes flatteries, & par les glorieux noms *de leur ami & de leur pere*, qu'ils lui prodiguoient. S'il avoit eu autant d'élévation dans le cœur qu'il avoit d'étendue dans l'efprit, il auroit profité pour rétablir le calme de la confiance qu'on avoit prife en fes lumieres, ou de la déférence qu'on étoit forcé d'avoir pour lui: l'envie de perpétuer fon rôle l'endurcit fur les malheurs publics. Le principe fixe & invariable qu'il s'étoit fait de tout rapporter à lui le détermina à époufer fucceffivement fans incertitude & fans

légéreté les querelles de diverses Puiffances. Il quitta le parti de l'Empereur à l'occafion que nous allons dire.

Ce Prince qui régloit toûjours fes
promeffes fur fes intérêts & rarement
fur fes fentimens avoit fait long-tems
efpérer à Wolfey qu'il le placeroit un
jour fur le Trône de l'Eglife. Une
promeffe fi flatteufe avoit fait des impreffions très-fortes fur un ambitieux
qui ne croyoit pas qu'on put trop acheter cette élévation. Il avoit plufieurs
fois facrifié à cette chimere la gloire de
fon Maître, la grandeur de fa Nation,
fon repos & celui de l'Europe. Ses
yeux ne s'étoient ouverts qu'après avoir
vû Charles dans deux vacances confé-
cutives du S. Siége, appuyer & faire
réuffir d'autres intérêts. Forcé alors de
renoncer à une ombre que fon imagination avoit réalifée, & humilié de s'ê-
tre laiffé tromper groffiérement, il avoit
paru alternativement furieux & abbatu.

Les déférences pleines d'eſtime & de
conſidération que l'Empereur avoit
ues pour lui dans ces circonſtances,
avoient été une foible conſolation qui
n'avoit pas même duré. Les égards
avoient fini avec les beſoins, & la
ournée de Pavie avoit rendu au vainqueur tout ſon orgueil. Cette hauteur
qui n'étoit pas dans les regles d'une
bonne politique avoit achevé de dé-
goûter le Cardinal d'une alliance ſi in-
fructueuſe, & l'avoit déterminé à re-
concilier ſon Maître avec François I.
Une vengeance qui ne faiſoit que traverſer le projet de la Monarchie uni-
verſelle, n'avoit pas aſſouvi ſa haine ;
& il avoit cherché à humilier ſon ennemi en faiſant répudier Cathérine
d'Arragon ſa tante. Le détail des intrigues qu'il fallut nouer & dénouer dans
le cours de cette grande affaire eſt cu-
rieux & intéreſſant.

Volſey porta dans cet odieux procès

plus d'adreſſe que la paſſion n'en per-
met ordinairement , & plus de circonſ-
pection qu'on ne l'auroit dû eſpérer de
la hauteur & de l'emportement de ſon
caractere. On ne ſait pas préciſément
en quel tems il l'entama ; mais on conjecture avec aſſez de vraiſemblance que
ce fut ſur la fin de l'année 1526. Ses
premiers pas furent d'un politique qui
vouloit réuſſir par la Religion, moins à
cauſe du reſpect qu'il avoit pour elle,
que pour les ſecours qu'il en attendoit.
Il chercha & il réuſſit à perſuader Lon-
gland, Evêque de Lincoln , & Con-
feſſeur du Roi.

Ce Prélat d'un eſprit aſſez foible
pour prendre les opinions qu'on vouloit lui inſpirer , avoit le courage néceſſaire pour les ſoutenir, & plus de dé-
ſintéreſſement qu'il n'en falloit pour
agir vivement & ſans détour. Dès
qu'il eut été convaincu de la nullité du
mariage de Henri avec Catherine, il

en parla avec l'autorité que lui donnoit
sa place, & avec l'enthousiasme d'un
homme véritablement pénétré de ce
qu'il disoit. Ses remontrances soute-
nues des conseils de Wolsey, & peut-
être du manége d'Anne, firent naître
dans l'esprit du Roi des doutes qu'il
prétendit dans la suite fort antérieurs
au tems dont nous parlons. Le dégoût
qu'on lui connoissoit pour des liens qui
commençoient à lui devenir suspects,
enhardit quelques Théologiens qu'il
consulta, à lui dire qu'il pouvoit & devoit les rompre. Cette décision & l'e-
xamen particulier que ses connoissan-
ces sur la science Ecclésiastique le mettoient à portée de faire, le déciderent
entierement pour le divorce. Sa résolution ne fut pas encore rendue publique; mais les gens éclairés eurent bien-
tôt occasion de la pénetrer.

Trois Ambassadeurs François arriverent en Angleterre le 16 Février

1527. Ils conclurent fans de grandes difficultés un traité de paix perpétuelle entre les deux Nations, & ils arrêterent que Marie, fille de Henri, épouferoit François I. ou fon fecond fils le Duc d'Orléans. Cette alternative étoit affez finguliere pour faire douter fi l'engagement qu'on paroiffoit former étoit férieux, ou fi c'étoit feulement un voile pour couvrir un myftere que le tems éclairciroit. Dans d'autres fituations que celle où fe trouvoit l'Europe, on auroit eu certainement des foupçons; mais la néceffité d'oppofer de fortes barrieres à l'énorme puiffance de l'Empereur, paroiffoit alors fi preffante, qu'un projet qui avoit quelque chofe de bifarre ne parut qu'un excès de précaution pour cimenter une union importante à la fûreté commune. Cette idée s'accréditoit lorfqu'il arriva un évenement qui jetta un grand jour fur ce qui venoit de fe paffer.

L'Evêque de Tarbes, celui des Ambaſſadeurs qui avoit le plus le talent
des affaires, & le ſeul qui eût le ſecret
de celle-là, parut environ huit jours
après la ſignature du traité, mécontent
d'une négociation dont le ſuccès étoit
regardé comme complet. Son chagrin
fut remarqué comme il le devoit être,
& on chercha à en deviner la cauſe.
Le public s'épuiſa à l'ordinaire en conjectures, & les gens en place en queſ-
tions. Lorſque le Prélat crut avoir aſſez
long-tems tenu les eſprits en ſuſpens,
il ſe laiſſa arracher ſon ſecret ; il dit
avec un certain embarras aſſez ordinaire à ceux qui ont des vérités fâcheuſes
à annoncer aux Princes, qu'il craignoit
beaucoup qu'une partie des liens que
venoient de former les deux Nations,
ne fuſſent bien-tôt rompus, & qu'en
particulier le mariage projetté ne pût
pas s'exécuter. Preſſé de s'expliquer
ſur le myſtere que renfermoient ces der-

nieres paroles, il avoua qu'il croyoit
nulle l'union de Henri & de Catherine,
& qu'il étoit inftruit que les Théologiens les plus habiles ne penfoient pas
autrement que lui.

Le Roi parut frappé de ce difcours
comme il l'eût été d'un coup de foudre.
Son but étoit de perfuader par cet
étonnement à l'Europe que le premier
doute fur fon mariage lui étoit venu à
cette occafion. La comédie fut bien
joüée, & cependant on en vit le nœud.
Tout ce qu'il y avoit de gens éclairés
fentirent qu'on avoit penfé que l'idée
du divorce étant originairemént d'un
étranger, auroit plus de poids à Rome,
cauferoit moins de fcandale en Angleterre, & trouveroit les autres Nations
plus favorablement difpofées. La France s'étoit prêtée par raifon d'état à une
fineffe qui devoit rendre Henri & l'Empereur irréconciliables. Le tour qu'on
avoit pris pour faire entrer cette Cou-

ronne avec bienséance dans cette affaire avoit été le plus heureux qu'on put
imaginer. On avoit parlé de mêler le
sang des deux Maisons, artifice qui
avoit fourni une occasion tout-à-fait
naturelle de s'expliquer sur ce que l'un
des deux pouvoit avoir d'équivoque
ou de honteux. Comme tout étoit prêt
pour tirer tout le parti possible des
scrupules de l'Evêque de Tarbes, il ne
les eût pas plutôt laissé entrevoir qu'on
feignit de les regarder comme des vérités incontestables : il n'avoit laissé
éclater ses soupçons qu'au commencement de Mai & Juillet n'étoit pas fini,
qu'il étoit parti pour l'Italie un Ministre chargé de solliciter auprès du saint
Siége la dissolution du mariage avec
Cathérine.

Les circonstances pour tout obtenir
paroissoient alors très-favorables. Rome venoit d'être saccagée par les troupes de l'Empereur, & le Pape Clément,

successeur de Jules, étoit encore pri-
sonnier au Château S. Ange. L'éclat
de ces évenemens avoit plutôt affermi
qu'ébranlé la Cour de Madrid dans ses
projets de vengeance ; & le Pontife ne
pouvoit recouvrer ses Etats & sa liberté que par les efforts de la France & de
l'Angleterre. Son caractere avoit fait
penser qu'il sacrifieroit tout à des intérêts aussi essentiels, & au plaisir de
se venger d'un ennemi orgueilleux &
dur qui l'avoit accablé de maux & couvert d'opprobre. Dans cette persuasion
on étoit parvenu à l'instruire, malgré
la vigilance de ceux qui le gardoient,
du service qu'on attendoit de lui ; &
on lui avoit fait envisager un secours
prompt & assûré comme le prix de sa
complaisance. L'armée qu'on venoit de
former en sa faveur devoit, disoit-on,
hâter ou retarder sa marche selon le
parti qu'il prendroit dans un différend
qui intéressoit essentiellement un des

principaux Membres de la Ligue. Ce point de vûe auroit infailliblement dé-terminé Clément à faire ce qu'on exi-geoit de lui, s'il n'eut été arrêté par la crainte de Charles-Quint.

Ce Prince averti par la Reine Ca-therine des desseins de la Cour de Lon-dres en avoit été offensé comme il le devoit être. Son ressentiment ne l'a-voit pas empêché de voir qu'il étoit très-important de se rendre le Pape fa-vorable, & il lui avoit envoyé le Gé-néral des Cordeliers pour le gagner. Quoique de Angelis ne fut arrivé à Rome qu'assez long-tems après l'Agent de Henri, il avoit vû le Pontife avant que Knight put lui faire parvenir ses lettres. La plûpart des Historiens assû-rent qu'on s'étoit d'abord engagé à fai-re ce que l'Empereur voudroit & qu'on avoit fait bien-tôt après les mêmes pro-messes au Roi d'Angleterre. Ces va-riations n'ont rien de surprenant. Clé-

ment flattoit les deux partis pour les in-
téreſſer s'il ſe pouvoit à ſon ſort, &
afin que ſi l'un ne ſe déterminoit pas à
le relâcher de ſa priſon, il en fut tiré
par l'autre. Sa liberté ne fut pas préciſément la ſuite de ce manége, mais
des progrès de l'armée confédérée qui
en étoient fort indépendans. On déſeſ-
péra de pouvoir le retenir, & on s'engagea à briſer ſes fers le neuviéme de
Décembre. La haine de Moncade avec
qui il avoit traité lui paroiſſoit ſi vive
& ſa foi ſi ſuſpecte, que dans la crainte
d'une infidélité ou d'un plus grand crime encore, il s'échappa la nuit qui pré-
cédoit le jour de ſon élargiſſement,
& s'enfuit déguiſé en Marchand à Or-
viete.

Knight chargé de l'affaire du divorce, & Caſſali, Ambaſſadeur d'Angleterre à Rome, qui avoit reçu ordre de
ſe joindre à lui, ſe rendirent auprès du
Pape avec un empreſſement que dans

ne autre situation il auroit pris pour
un trait de politique & qui lui parut,
parce qu'il étoit dans le malheur, une
marque de l'intérêt que Henri prenoit
à lui : cette disposition qui n'échappa
pas aux deux Négociateurs, les rendit
plus hardis & plus pressans. Ils exécuterent leur commission avec assez d'a-
dresse & beaucoup de vivacité, & n'ou-
blierent aucun des moyens qui pouvoient en assûrer le succès.

Si Clément n'eut écouté que sa haine pour l'Empereur, & son inclination
pour le Roi d'Angleterre, il n'auroit
pas balancé à déclarer le mariage nul.
Sa situation qui l'obligeoit à consulter
plutôt les regles de la prudence que
l'impétuosité de la passion, le détermina à une conduite pleine de ménagemens & de détours. Sans jamais témoi-
gner d'éloignement, en montrant même toûjours un penchant extrème à accorder ce qu'on souhaitoit de lui, il

vint à bout de faire naître des inciden[s]
fort naturels & fort raisonnables qui n[e]
le lui permettoient pas. Sa difficulté l[a]
plus réelle & la mieux fondée veno[it]
de la position des Impériaux, qui [se]
trouvant les maîtres de la campagne,
& des postes voisins de sa retraite, po[u]
voient prendre un parti violent si le[ur]
Maître étoit offensé. Il eut été possib[le]
de prévenir cet inconvénient en faisa[nt]
avancer l'armée confédérée qui étoit [à]
Boulogne sous les ordres de Lautrec;
mais ce Général ne goûta pas ce proje[t]
soit qu'il ne voulut pas fatiguer se[s]
troupes durant une saison fâcheuse,
qu'il craignit d'agir sans ordre de s[a]
Cour, ou qu'il ne crut pas raisonnab[le]
de hasarder aucun mouvement qui pû[t]
déterminer l'ennemi à se retirer dans l[e]
Royaume de Naples qu'il devoit bien-
tôt attaquer.

Le refus du Général François embarassa les Ministres Anglois sans le[s]
décourager.

décourager. Ils employerent si heureusement les instances, les promesses, les
ruses, l'insinuation, qu'ils parvinrent à
ébranler Clément. L'état d'incertitude où tomba ce Pontife lui devint à
charge à lui - même après l'avoir été
aux autres. Pour finir ses irrésolutions,
il prit le parti de se décharger en quelque maniere du fort de Henri sur le
Cardinal des Quatre-Couronnés, homme ferme, décidé, fin & intelligent.

Ce Cardinal sentit l'importance de
l'affaire qu'on lui confioit, & la difficulté de la manier sans inconvénient.
La politique artificieuse & peu scrupu-
leuse de sa Cour lui parut convenir
dans une conjoncture si délicate & il
s'y livra. Quoiqu'il fut né désintéressé,
il accepta une partie des présens qu'on
lui offrit pour le corrompre. Par cette
ruse qu'il eut l'art de faire prendre pour
de l'avidité, il inspira pour lui aux
Négociateurs Anglois une confiance

aveugle. Dès-lors ils perdirent leurs
inſtructions de vûe pour ſe livrer à ſes
inſinuations. Elles tendoient à leur perſuader que le conſeil de Henri s'étoit
trompé dans les moyens de parvenir au
divorce, & qu'il y avoit des voies plus
ſimples & plus ſûres de le faire réuſſir.
L'air de candeur & d'intérêt qu'il mettoit dans ſes diſcours & l'idée qu'on
avoit de ſa dextérité & de ſes connoiſ-
ſances, firent qu'on lui abandonna to-
talement le ſoin de cette affaire. Il ne
penſa pas à la finir, mais à l'embarraſ-
fer, dans l'eſpérance que le tems qu'on
employeroit à la débrouiller inſpireroit
au Monarque Anglois d'autres réſolutions, ou mettroit le Pape en état d'accorder ou de refuſer ſans riſque ce
qu'on lui demandoit. Cette conjecture
le conduiſît à dreſſer le plan d'une Bulle qu'il fit ſigner & agréer ſans contra-
diction. Clément comprit aiſément
qu'elle ne l'engageoit à rien, & Knight

& Caſſali qui n'étoient point inſtruits
de ces matieres crurent ſans examen
un homme qui paroiſſoit dévoüé à leurs
intérêts.

Dès que cette Bulle fut arrivée à
Londres, elle fut trouvée ce qu'elle
étoit, captieuſe & inutile. Outre les
autres précautions qu'on avoit priſes
pour empêcher qu'elle ne pût être d'aucun uſage, on l'avoit datée du tems
que le Pape étoit priſonnier au Château S. Ange. Cet artifice étoit ſi groſ-
ſier, & pouvoit faire ſuppoſer une mauvaiſe volonté ſi déterminée, que le Roi
d'Angleterre en auroit paru offenſé ſi
les circonſtances ne l'avoient forcé à
beaucoup de modération. Il diſſimula
le reſſentiment que ce procédé lui devoit naturellement inſpirer, & il ſe
contenta de prendre plus de précautions contre la politique & les ſubter-
fuges de la Cour de Rome.

Le nouveau moyen qu'il imagina

pour faire réuffir la feule négociatio
qui l'intéreffât alors, fut de joindre dan
les premiers mois de l'an 1528, au
deux Miniftres qui l'avoient conduit
jufqu'alors, trois hommes d'une capa
cité reconnue & d'un zele éprouvé
Staphilei, Gardiner & Fox. Le pre
mier, Doyen des Auditeurs de Rote
étoit défiant par caractere. Son expé
rience dans les affaires, & la connoi
fance qu'il avoit des hommes augmen
toient encore fa défiance naturelle. So
zele pour Henri, fon averfion pou
Charles, l'habitude qu'il avoit des r
fes Italiennes, & un naturel dur &
difficile le mettoient en garde conti
tous les piéges. Le fecond moins pro
pre à démêler & à conduire des intri
gues, étoit favant, vif, poli, & infi
nuant. Le troifiéme, incapable de bie
jouer un premier rôle, ou de rien ima
giner, excelloit dans l'exécution & fou
les yeux d'un homme de génie.

Les anciens & les nouveaux Négociateurs agirent tous avec l'ardeur
qu'inspire ordinairement la rivalité,
& avec une harmonie qu'elle détruit
presque toujours. Leur politique étoit
soutenue par les avantages des François qui, après avoir conquis le Royaume de Naples, avec cet air héroïque
qui caractérise leur Nation, en assié-
geoient la Capitale. Il paroissoit si assûré que cette Ville seroit prise, & que
l'Italie alloit changer de maître, que
le Pape ne devoit pas être naturellement détourné d'obliger Henri par la
crainte d'offenser l'Empereur. Heureusement pour ce Pontife, il connoissoit
assez le caractère du peuple victorieux,
pour ne se pas décider par des premiers
succès. Sans cela il se seroit pressé d'a-
gir, & il auroit été la victime de sa
précipitation. La France par une suite
de fautes qui ne sont pas de notre sujet, perdit ses conquêtes; & Rome se

trouva plus forcée que jamais à refpe[c]-
ter les volontés de Charles Quint, [&]
à craindre fa vengeance.

Clément n'avoit pas attendu cette derniere époque pour fe conduire avec bea[u]-
co[u]p de circonfpection. Dans le tem[s]
même que les affaires des Impériaux [é]-
toient mauvaifes, il avoit pris fon parti [en]
homme qui ne vouloit rien hafarder, [&]
qui avoit des vûes étendues; il avoit fa[it]
infinuer au Roi d'Angleterre de fe fervir de l'autorité accordée à Wolf[ey]
comme Légat, pour faire caffer le pl[us]
fecretement qu'il fe pourroit fon mariage, & pour former d'autres nœud[s]
plus affortis à fon caractere. Ce confeil qu'il avoit fondé fur ce qu'il lu[i]
feroit plus facile d'approuver ce qu[i]
auroit été fait, qu'il ne l'étoit de permettre de le faire, ne s'étoit pas trouvé
du goût de Henri. Ce Prince l'avoi[t]
regardé comme un piége. Il avoit fen[ti]
que l'éclat étoit indifpenble dans un[e]

cause où il falloit néceſſairement que la Reine fut ouie , & que d'ailleurs le jugement du Légat ne décideroit rien , puiſque le Pape reſteroit toûjours le maître de l'annuller. Ces conſidérations avoient augmenté ſes ſoupçons contre la Cour de Rome ; mais il s'étoit flatté que les ſuccès de ſes Alliés la rendroit plus traitable , & que la crainte lui arracheroit ce qu'elle n'avoit oſé accorder à la vengeance ou à l'inclination. Dans cette eſpérance , il avoit fait à propos des inſtances vives.

Ces inſtances avoient réuſſi en apparence au-delà de ce qu'on pouvoit eſpérer. Clément avoit d'abord établi Wolſey Juge de l'affaire du divorce , avec un pouvoir tel à-peu-près qu'on le ſouhaitoit. On avoit penſé depuis qu'une Sentence rendue en faveur de Henri par ſon premier Miniſtre , ſeroit plus que ſuſpecte de partialité , & on avoit ſagement demandé qu'il eût un

Adjoint. Le Cardinal Campege s'é-
toit trouvé du goût des deux Cours ;
& avoit été nommé. Cette commiſſion,
pour être de quelque utilité , devoit
être irrévocable , & Rome s'étoit engagée à ne la jamais révoquer. Enfin,
la plus commune opinion eſt que le
Pape avoit remis à Campége une Bulle qui caſſoit le mariage du Roi , acte
important & célebre qui paroiſſoit devoir finir un procès auquel tous les
mouvemens de l'Europe commençoient
à ſe rapporter.

Toutes ces facilités avoient fait croire à l'Angleterre entiere que les deſirs
de ſon Roi alloient être ſatisfaits. Quoique la premiere grace eût été accordée
en Avril ; la ſeconde en Juin ; la troi-
ſiéme en Juillet , & la quatriéme en
Août , ces lenteurs n'avoient pas fait
naître des ſoupçons : ce manége avoit
paru à quelques-uns une ſuite du caractere du Pape , à d'autres l'effet de la

circonspection de son Conseil, & au
plus grand nombre une adresse pour
augmenter le prix de la condescendance qu'on avoit. Cette confiance étoit
d'autant plus raisonnable, que Campége étoit parti pour Londres immédiatement après les désastres des François à Naples.

Au travers de tant de démarches si
imposantes, les esprits véritablement
clair-voyans faisoient plus que soupçonner, que Clément ne donneroit jamais les mains à un projet qui étoit
également contraire aux intérêts de
son Siége, & à ceux de sa maison. Il
ne pouvoit pas d'un côté approuver le
divorce, sans convenir que Jules II.
avoit excédé son pouvoir, aveu que la
Cour de Rome n'a jamais fait, & qu'elle étoit moins disposée que jamais à
faire dans un tems où on attaquoit har-
diment & avec succès son autorité:
d'un autre côté, les Médicis chassés de

Florence n'y pouvoient être rétablis
que par l'Empereur qu'on ne pouvoit
pas se flatter de gagner en favorisant
les projets de ses ennemis. Ces deux
considérations étoient trop fortes pour
pouvoir être balancées par aucun motif. Le chagrin qu'avoit d'abord causé
au Pape sa prison, lui avoit peut-être
fait souhaiter de pouvoir être contraire
à Catherine ; les progrès des François
l'avoient forcé dans la suite de faire
espérer qu'il le feroit ; mais le dépit
étoit fini, & sa situation avoit changé.
Il se trouvoit le maître de suivre le
parti le plus honorable, & le plus avantageux ; & on ne peut pas douter qu'il
n'y fut très-résolu. La démarche qu'il
avoit faite en envoyant un Légat en
Angleterre, ne pouvoit imposer qu'à
des gens bornés & peu politiques. Aux
yeux des hommes d'Etat, c'étoit un
moyen sage & réfléchi pour obtenir un
meilleur traitement de Charles-Quint.

A la veille d'un accommodement avec ce Prince, il convenoit de paroître plus uni que jamais avec des Alliés puissans, & de s'en faire cherement acheter le sacrifice. Pour être convaincu que le Pape n'avoit pas d'autre but, il n'y a qu'à suivre la négociation de Cam-pége.

Ce Cardinal qui avoit été marié dans sa jeunesse, étoit entré depuis dans l'état Ecclésiastique, & y avoit beaucoup réussi. Sa dextérité, son application, son savoir l'avoient placé naturelle-ment dans les différentes scenes qui avoient troublé la Religion ou les intérêts politiques de l'Europe, & il y avoit eu d'assez grands succès. L'éclat de ses Ambassades avoit fait jetter les yeux sur lui, pour manier l'affaire du divorce, & ce choix étoit d'autant plus heureux qu'il se trouvoit du goût des trois Puissances qui y étoient prin-cipalement intéressées. Clément croyoit

Campége attaché à fon Siége & à fa
perfonne. Henri efpéroit qu'il feroit
intimidé par la crainte de perdre les
bénéfices qu'il avoit en Angleterre, ou
gagné par les offres confidérables qu'on
étoit déterminé à lui faire. Charles
avoit pour lui les fervices qu'il avoit
déja reçus du Cardinal, & encore plus
ceux qu'il pouvoit rendre lui-même à
fes trois fils. Il n'y eut que François I.
de mécontent. Il craignit qu'un Miniftre qui pouvoit beaucoup gagner à la
réunion de l'Empereur & du Roi
d'Angleterre ne vint à bout de la procurer ; qu'il ne déterminât le premier
à facrifier fa tante, & le fecond à abandonner la France ; & que le Pape forcé à plier fous le joug que ces deux
Puiffances lui impoferoient, ne fe déterminât à une démarche qui, après
avoir dû les brouiller irréconciliable-
ment, deviendroit pour elles un lien
indiffoluble. Ces craintes devinrent le

sujet d'une négociation avec Wolsey, où qui on ne vint pas à bout de les communiquer, ou qui ne réuffit pas à détourner le danger ; & Campége arriva en Angleterre au commencement d'Octobre 1528.

La premiere démarche de l'habile Légat fut fage & pacifique. Il tenta d'engager le Roi à abandonner fon projet ; & il lui allégua d'un ton animé & tendre tous les motifs qui pouvoient l'y déterminer ; le tort qu'il feroit à fa réputation, le défefpoir d'une Reine vertueufe & raifonnable, le mécontement affez marqué des Anglois, les malheurs qu'éprouveroit la Chrétienté, les guerres qu'il auroit à foutenir, & le peu de fecours qu'il pouvoit efpérer des François battus & fugitifs. Comme la raifon ne peut rien contre la paffion, Henri fut offenfé, qu'au lieu d'une difpenfe on lui donnât des confeils ; & le Cardinal qui joignoit la

patience de fa Cour à la foupleſſe de
fon caractere, tourna fes vûes d'un autre côté. Il voulut perfuader à Cathérine de fe laiſſer féparer d'un Epoux
dont elle n'avoit ni le cœur ni la confiance, de facrifier fon repos au repos
de l'Europe, de prévenir par un effort
de courage un fchifme que fa refiftance alloit introduire dans l'Eglife, &
de confentir enfin à un divorce auquel
elle s'oppoſeroit inutilement. La Reine ne fe rendit pas à ces infinuations.
Ce n'eſt pas qu'elle fut contente de fon
mariage : il avoit été fait fous des auf-
pices peu favorables, & à des conditions qui avoient quelque chofe de
bien criminel. Une des claufes fecre-
tes de fon union avec Arthus, avoit
été que pour affermir la Couronne
dans la famille des Teuders dont elle
époufoit l'aîné, on feroit mourir le
jeune Comte de Warwik le dernier
mâle des Plantagenetes. Elle n'igno-

noit pas que cette condition avoit été
remplie, & que pour en mieux convaincre Ferdinand son pere, on avoit
tranché la tête au Prince en présence
du Chancelier de Castille. Ces horreurs lui paroissoient l'origine des malheurs qu'elle éprouvoit ; mais elle ne
se croyoit pas pour cela autorisée à
abandonner son état, les intérêts de sa
fille, & les droits de sa Religion.

Campége qui avoit prévû que le Roi
ne se desisteroit pas de ses poursuites,
& que la Reine ne leveroit pas son op-
position, ne fut ni surpris ni embarassé
de leur résolution. Il avoit tiré de sa
démarche le fruit qu'il en attendoit,
qui étoit de gagner du tems ; mais sa
politique avoit été pénétrée par Henri
qui en étoit vivement offensé. Pour le
calmer, le Légat lui fit voir & à Wol-
ley cette fameuse Bulle qui déclaroit
le mariage nul. S'il avoit étendu cette
marque de confiance à quelques autres

perſonnes, peut-être auroit-on été co[n]
tent de lui. Non-ſeulement il ne le f[it]
pas, il ne laiſſa pas même eſpérer qu'o[n]
put l'y déterminer un jour. Le P[ape]
bien loin de blâmer ſon Miniſtre., co[m]
me on l'en preſſoit, le loua hautem[ent]
d'avoir ſuivi ſes inſtructions, & décl[a]
ra en même-tems que la décrétale q[ui]
n'avoit dû être communiquée qu'à ce[ux]
qui l'avoient vûe, ne devoit être p[u]
bliée qu'en cas que la Sentence des L[é]
gats ſut favorable au Roi. Cette fe[r]
meté que quelques Hiſtoriens ont re[
gardée comme un caprice, & d'au[tres]
comme une mauvaiſe fineſſe, étoit u[n]
trait de ſageſſe bien marqué. Cléme[nt]
avoit autant de raiſon de vouloir q[ue]
la Bulle ſut tenue ſecrete que Henri &
Wolſey en avoient de deſirer qu'el[le]
ſut rendue publique. Il évitoit par-[là]
un piége aſſez adroit qu'on lui tendo[it]
& reſtoit abſolument le maître d'avou[er]
ou de déſavouer ſuivant les occaſions.

un acte qui pouvoit avoir des suites fort importantes. Pour plus de sûreté, il voulut que Campége qui pouvoit être intimidé, gagné ou corrompu brûlât un écrit qui avoit produit l'effet qu'on en attendoit; & il lui ordonna de compliquer le plus qu'il pourroit un procès qui ne devoit pas être jugé.

Indépendamment de l'ordre du Pape, cette affaire se remplissoit tous les jours de difficultés. Wolsey qui avoit fait la premiere ouverture du divorce dans l'espérance de placer sur le Trône une Princesse du Sang de France qui lui devroit son élévation, s'étoit repenti de sa démarche aussi-tôt qu'il avoit soupçonné qu'il travailloit pour Anne de Boulen qui le haïssoit. Ce contre-tems ne l'avoit pas, il est vrai, porté à traverser le projet qu'il avoit formé; mais il ne le suivoit pas avec cette ardeur & cette adresse qu'on met d'ordinaire dans les choses qu'on sou-

haite vivement. La certitude de périr
par le crédit de son ennemie, s'il réuf-
fiffoit, & par le mécontentement du
Prince s'il ne réuffilfoit pas, jettoit
dans son ame un trouble terrible &
continuel. Dans cette difposition d'efprit qui le réduifoit à regarder comme
un mal le fuccès qu'il pourfuivoit, il
étoit difficile & peut-être impoffible
qu'il fit des efforts heureux.

Un autre obftacle retardoit la marche de cette grande affaire. La Reine
preffée par les Légats & par quelques
Prélats Anglois de confentir au divorce, avoit fouhaité qu'il lui fut permis
de fe former un confeil qui l'aidât de
fes lumieres dans une conjonéture fi
délicate. On lui avoit refufé des Efpa-
gnols pour guides fous prétexte qu'on
étoit en guerre avec eux ; mais on lui
avoit accordé des Flamans que la neu-
tralité dont ils étoient convenus avec
l'Angleterre rendoit moins fufpeéts.

Les espérances qu'on avoit conçues à l'arrivée de ces étrangers, que le procès pour lequel ils étoient appellés, finiroit enfin, furent détruites par leur retraite précipitée. Le public l'attribua à l'idée qu'ils s'étoient formée qu'on ne parviendroit jamais à sortir du labirinthe où on s'étoit engagé ; les politiques eurent d'autres soupçons qui n'étoient pas destitués de vraisemblance.

Depuis l'arrivée de Campége, on remarquoit un mécontentement presque général parmi le peuple ; & il étoit ordinaire d'entendre dire que de quelque maniere que les choses tournassent, celui qui épouseroit la Princesse Marie seroit Roi d'Angleterre. Pour parvenir à savoir si ces dispositions avoient gagné les Grands, Wolsey dit un jour devant la meilleure partie de la Cour, que l'Empereur prétendoit être en état de faire chasser Henri de ses propres Etats par ses Sujets même. Le silence de ceux à qui ces paroles s'adreſſoient, auroit changé en démonſtration le doutes du Cardinal quand même ut d'entr'eux n'auroit pas dit que le mc de Charles-Quint lui faiſoit perdre plu de cent mille hommes. Cette décou verte inſpira des précautions au Gou vernement. Il chercha à intimider le Partiſans de la Reine par des menaci vives & réitérées, par les mouvemen qu'on fit faire aux troupes, & par le ordres qui furent donnés à plus de ving mille Flamans de ſortir ſans délai d Royaume. On peut conjecturer ſan témérité que des inſinuations menaçan tes & artificieuſes déterminerent le Conſeillers de la Reine à s'embarque avec leurs Compatriotes.

Tous ces évenemens jettoient le Roi dans un état violent, ou étoient l preuve qu'il y étoit déja. Depuis qu'u ne malheureuſe paſſion tyranniſoit ſo cœur, il n'avoit joui d'aucun repos.

Inébranlable dans le projet qu'il avoit
formé, il varioit fans cesse sur ses efpérances & sur ses moyens. Ses réfolutions se croisoient perpétuellement ;
& il ne se déterminoit jamais à un parti qu'il n'en prit l'instant d'après un
autre. Une incertitude si marquée portoit dans toutes les négociations un
désordre que l'adresse & l'application
des Ministres ne pouvoient ni prévenir
ni réparer. Réduits à exécuter les volontés du Prince, ils travailloient un
jour à gagner l'Empereur, & le lendemain à réunir contre lui toute l'Europe. Ils passoient alternativement d'une
confiance extrême en François Premier
à une défiance marquée & offenfante.
Tantôt ils bornoient toutes leurs atten-
tions à Campége, & d'autres fois ils
le négligeoient, pour ne s'occuper que
des moyens de réussir à Rome même.
On prit cette derniere réfolution dans
le tems dont nous parlons.

L iij

Brian & Vannes partirent de Londres fur la fin de Décembre 1528 pour fe rendre auprès du Pape. Quoique leur commiffion fut difficile & délicate, ils la remplirent dans toute fon étendue. Ils commencerent, comme leurs inftructions le portoient, par tâcher de perfuader à Clément que Charles-Quint lui devoit être plus fufpect qu'il ne l'avoit jamais été ; qu'il ne vouloit traiter avec lui que pour pouvoir l'accabler, lorfqu'il l'auroit détaché de fes Alliés ; qu'il ne penfoit qu'à le faire dépofer & à placer de Angeli fur le S. Siége ; que l'unique moyen qui lui reftoit pour écarter tant de périls étoit de refferrer les liens qui l'avoient uni à l'Angleterre & à la France, & d'accepter de ces deux Puiffances une garde de deux mille hommes jufqu'à ce qu'elles fuffent en état de faire agir leurs armées. Ces infinuations ne firent point l'effet qu'on en attendoit. Le Pape étoit sûr qu'il n'avoit rien à craindre de l'Empereur ; & il ne pouvoit compter ni sur l'activité de François qui s'étoit laissé accabler en Italie, ni sur l'habileté de Henri qui auroit pû prévenir ce malheur en faisant une forte diversion en Flandre, ni sur le zele de ces deux Princes qui avoient négligé de lui faire restituer Ravenne & Cervia par les Vénitiens. D'ailleurs ce qu'il avoit éprouvé d'humiliations, de chagrins & de disgraces dans sa captivité, lui faisoit redouter un secours qui pouvoit & devoit presque nécessairement le faire retomber dans l'esclavage. Peut-être les Négociateurs Anglois ne lûrent-ils pas tout ce qui se passoit dans l'ame de Clément ; mais ils en entrevirent assez pour passer à d'autres propositions.

Ils demanderent que si on pouvoit déterminer Catherine à se faire Religieuse, il fut permis à Henri de légi-

mer ſa fille , & de contraĉter un nouveau mariage ; que ſi pour engager la
Reine à prononcer des vœux , le Roi
étoit obligé d'en faire , il fut aſſûré
d'en être diſpenſé d'abord après ; &
qu'enfin ſi ces deux voies de conciliation étoient criminelles ou impratica-
bles , le Prince fut autoriſé par le chef
de la nouvelle loi à avoir deux femmes,
comme cela étoit permis ſous la loi
ancienne. Ces prieres quoique ſoute-
nues de tout ce que la raiſon pouvoit
fournir de plus ſpécieux , & les pro-
meſſes de plus ſéduiſant , ne gagnerent
rien ſur l'eſprit du Pape ; & on eut
recours pour derniere reſſource à des
moyens odieux , mais qu'on crut effi-
caces.

On reprocha à Clément ſon ingratitude pour les bienfaits qu'il avoit reçus de Henri ; l'imprudence qui lui faiſoit braver le courroux de François
dont les armes malheureuſes dans Na-

ples pouvoient & dévoient profpérer
dans le Milanès ; la foiblefſe qui l'affer-
viffoit aux volontés de l'Empereur, &
qui le rendoit efclave jufques fur le
Trône. Ces reproches humilians étoient
ſuivis de menaces effrayantes. On faiſoit craindre au Pape d'être dépofé,
ſous prétexte que fon élection avoit
été irréguliere ; que l'Angleterre ne fe-
couât un joug qui devenoit tous les
jours plus dur & plus injufte ; & que
l'Europe entiere éclairée & enhardie
par un exemple ſi frappant ne renonçât
à l'ancien préjugé qui la tenoit ſous la
domination du S. Siége. Ces difcours
où le dépit étoit plus fenfible que la
raifon , ne balançant pas ce que les
Médicis pouvoient efpérer ou craindre
de Charles-Quint , l'affaire du divorce
fut ramenée au tribunal de Wolfey &
de Campége. On fe flattoit d'y obtenir une décifion favorable avant que
l'entiere réconciliation de Clément &

de l'Empereur ne fit évoquer ce grand
procès à Rome.

Quoique Henri ne prit ce parti qu'a-
vec répugnance, il l'auroit pris beaucoup plutôt, fi on ne l'avoit nourri de
l'efpérance d'une Bulle qui cafferoit
fon mariage, fans le faire paffer par
les formalités d'un jugement. Dès qu'il
eut été défabufé de cette chimere, il
preffa les difcuffions qu'il avoit craint;
& des deux Légats, l'un fe prêta,
l'autre parut fe prêter à fon impatience.
Autorifés le dernier de Mai 1529,
par des Lettres du grand Sceau, à exécuter leur commiffion, ils citerent le
Roi & la Reine pour le 18 de Juin.
Ce court intervalle fut employé à l'e-
xamen d'une des caufes les plus importantes, & les plus fingulieres qui
euffent troublé la Chrétienté depuis
plufieurs fiecles. Les Avocats de Henri
étoient Richard Samfon, Doyen de fa
Chapelle; Jean Belt, Docteur en

Droit ; Peter & Trigonel. Catherine
avoit chargé de ſes intérêts Guillaume
Varham, Archevêque de Cantorbery ;
Nicolas Weſt , Evêque d'Ely ; Jean
Fiſher , Evêque de Rocheſter ; Henri
Standish , Evêque de ſaint Aſaph , &
quelques autres. Le détail des raiſon-
nemens qui avoient été déja faits , ou
qui furent faits alors par les deux partis jettera du jour ſur un fait juſqu'ici
obſcurci par les préventions ou l'infidélité des Hiſtoriens.

Les Canoniſtes de diverſes Nations
qui attaquoient la validité du mariage ,
prétendoient que la Bulle qui l'avoit
permis étoit viſiblement nulle , & que
l'autorité du Chef de la Religion ne
pouvoit pas s'étendre juſqu'à permettre une union formellement proſcrite
dans les Livres ſaints , & par la nature.
Le Bref que l'Eſpagne prétendoit avoir
confirmé la Bulle ne les ébranloit pas.
Ils ne regardoient cette célebre piece

dont d'ailleurs on ne produifoit pas
l'original , & où il y avoit vifiblement
une erreur de date, que comme un nouveau trait des prétentions orgueilleu-
fes & mal fondées de la Cour de Rome.
Cependant parce qu'il eut été dangereux , en pouffant ce raifonnement ,
d'offenfer le Pape qu'on vouloit gagner, on fe contenta de laiffer entrevoir une vérité qu'on croyoit inconteftable. L'adreffe & les efforts des dé-
fenfeurs du divorce fe bornerent à foutenir, que Jules fecond avoit été furpris, ce qui , dans les maximes même
ultramontaines , rendoit nul tout ce
qui avoit été fait. La preuve de ce qu'ils
avançoient leur paroiffoit facile. L'acte
qui autorifoit le mariage étoit fondé
fur la requête de Henri , & de Catherine qui avoient expofé que leur union
étoit effentielle à la tranquillité de l'Efpagne & de l'Angleterre. Or, il étoit
impoffible qu'un Prince âgé de douze

ans eu eu des vûes de politique, d'où on concluoit qu'il n'étoit pas l'auteur de la Requête. Il étoit conſtant d'un autre côté que quand cette alliance n'auroit pas eu lieu, il n'y avoit ni prétexte, ni peut-être poſſibilité de guerre entre les deux Couronnes, ce qui étoit la démonſtration d'un faux expoſé. Ces deux argumens contre la validité de la Bulle étoient encore ſoutenus d'un autre qui paroiſſoit ſans replique à ceux qui le faiſoient. Ils croyoient que cette piece n'ayant eu pour but que d'entretenir la paix entre les Souverains des deux Nations, elle devoit avoir perdu toute ſa force lorſque le mariage avoit été fait, puiſque Henri VII. & Yſabelle n'étoient plus en vie. On ajoûtoit à toutes ces raiſons, que le Prince ayant proteſté à ſa majorité contre ſon mariage, il avoit renoncé à la liberté qui lui avoit été accordée d'épouſer la Princeſſe ſa belle-ſœur; & qu'un confentement poftérieur , quel qu'il fût, n'avoit pas pû redonner à la Bulle la force qu'elle avoit perdue.

Les Partifans de Cathérine affec-toient pour les objections qu'on vient de lire , plus de mépris qu'ils n'en avoient peut-être, & y répondoient avec une confiance qui bleffe quelque-fois les fages , mais qui impofe toû-jours à la multitude. Ils foutenoient que fi la défenfe d'époufer la Veuve de fon frere portée par le Lévitique, eût appartenu à la loi naturelle , on ne trouveroit pas dans le Deutéronome une loi expreffe qui ordonnoit cette union en certains cas. Ils ajoûtoient que perfonne n'étoit en droit de limi-ter , d'examiner même l'autorité du Pape ; & que puifque Jules II. avoit accordé la difpenfe, c'étoit une preu-ve certaine qu'il en avoit le pouvoir; qu'une erreur de date ne pouvoit pas annuller un Bref dont l'original étoit

incontestable , & sur lequel on ne pouvoit former nul doute raisonnable depuis qu'on en avoit vû une copie signée
par le Nonce , & par tout ce que la
Cour de l'Empereur avoit de plus dis-
tingué ; que sans les arrangemens qui
avoient été faits , la guerre auroit été
réellement inévitable entre l'Espagne
& l'Angleterre à cause de la difficulté
que faisoit Henri VII. de rendre la
dot de Cathérine , & de lui donner
une assurance pour son douaire ; que la
mort de Henri & d'Ysabelle n'avoient
rien dû changer aux traités qui avoient
été faits , & que c'étoit moins la personne des Rois que leur Etats qui con-
tractoit des engagemens ; que la protestation du Prince devenu majeur
qu'on faisoit tant valoir , n'avoit pas
été libre , & que quand elle n'auroit
eu d'autre défaut que de n'avoir pas été
signifiée , elle devoit être regardée
comme non avenue. Enfin , on finissoit

par rendre problématique la confom-
mation du mariage d'Arthus avec Cathérine ; & on oppofoit aux difcours
du jeune Prince & à l'opinion publique le ferment de la Reine , & l'aveu
que Henri avoit lui-même fait à Charles-Quint qu'il l'avoit trouvée fille.

Ces difcuffions que nous abandon-
nons au jugement du Lecteur , avoient
été faites , lorfque la Reine comparut
en perfonne , & le Roi par fes Procu-
reurs, le 18 de Juin devant les Légats.
Cathérine leur déclara qu'ils lui étoient
fufpects ; l'un , parce qu'il étoit favori
de Henri ; l'autre , parce qu'il en avoit
reçu un Evêché , & elle les recufa pour
Juges. Campége & Wolfey qui n'é-
toient pas préparés à cet incident , en
furent étonnés. Pour avoir le tèms de
fe reconnoître, ils remirent leur féance au 21, fous prétexte de laiffer reflechir une femme vertueufe , mais aigrie
fur une démarche vive & précipitée.
                                    Ce

Ce délai n'apporta point de changement dans ses dispositions ; & elle per-
sista dans la résolution qu'elle avoit
prise. On l'auroit peut-être crue occupée de sa vengeance, si en se précipi-
ant devant toute l'assemblée aux pieds
du Roi qui, ce jour-là comparoissoit
lui-même, elle n'avoit fait voir qu'il
n'y avoit dans son cœur que le desir,
& peut-être l'espérance de regagner un
cœur qu'elle avoit malheureusement
perdu. Cette posture, son amour & ses
infortunes lui inspirerent tout ce qu'on
peut imaginer de plus modeste, de plus
tendre & de plus touchant. Dès qu'elle
eut fini de parler, elle se retira & alla
attendre dans l'obscurité, dans les larmes & dans l'incertitude les effets
d'une scene aussi attendrissante que celle qui venoit de se passer.

Le dénoûment de ce coup de théatre ne fut pas tel qu'on avoit cru pouvoir l'espérer. Tout l'attendrissement

qu'on avoit remarqué dans le Prince
se réduisoit à une compassion stérile,
& à des éloges vagues. Henri rendit
justice à la conduite exemplaire, à l'humeur douce, à la soumission sans bornes de Cathérine ; & il parut fâché
que la Religion, & la conscience ne
lui permissent pas de finir ses jours avec
une Reine malheureuse qui n'avoit jamais rien dit ni rien fait que de louable. Il est vrai, à en juger par les apparences, qu'il auroit été fâché d'être
cru, ou que sa passion l'aveugloit au
point de ne lui pas laisser voir la con-
tradiction de ses discours & de ses démarches. Tandis qu'il donnoit les plus
grandes louanges à son épouse devant
les Légats, il faisoit former contr'elle
dans le Conseil d'Etat des plaintes vives & ameres. On l'y accusoit d'avoir
toûjours manqué de complaisance pour
un Mari qui n'avoit jamais cessé de lui
donner des marques de tendresse ; d'af-

fecter une gayeté extrème, tandis qu'il étoit plongé dans la tristesse la plus profonde ; d'inviter tous les gens attachés à son service à des plaisirs bruyans, au lieu de les occuper à fléchir le Ciel irrité par son mariage ; de se montrer avec ostentation dans les lieux les plus fréquentés, pour gagner l'affection du peuple, & le disposer à entrer aveuglément dans ses intérêts. On poussoit la méchanceté & l'audace jusqu'à vouloir faire tomber sur elle les soupçons d'une conspiration mal imaginée, & à presser Henri d'assûrer ses jours, en n'admettant plus la Reine ni dans son lit, ni à sa table, ni même à son entretien. Ces horreurs inventées pour intimider Cathérine, & ce que les Légats y ajoûterent d'insinuation pour la gagner ; tout fut inutile : elle ne voulut jamais consentir, ni à rompre son mariage, ni à se désister de sa récusation.

Cette fermeté embarassa, ou parut

embaraffer Wolfey & Campége fans
les arrêter. Tout convaincus qu'ils
étoient que l'évocation de l'affaire du
divorce ne pouvoit pas être refufée;
on prit le 25 un défaut contre la Reine , & les témoins commencerent à
être ouis le même jour. Ils étoient
trente-fix ou trente-fept , prefque tous
parens du Roi ou d'Anne de Boulen.
Le procès avoit été réduit à quelques
chefs importans , fur lefquels roula leur
dépofition. On leur demanda l'âge
qu'avoit Arthus , lorfqu'il époufa Cathérine , fi le mariage avoit été con-
fommé , de quelle maniere s'étoit fait
la proteftation de Henri. Ils répondirent tous à la premiere queftion , que
le Prince avoit environ quinze ans,
dans le tems qu'il fut marié. La vieille
Ducheffe de Norfolc répondit à la fe-
conde, qu'elle avoit vû Arthus & Cathérine dans le même lit. Fitzwater &
Norfolc affurerent que le jeune Prince

En se levant le matin avoit demandé à
boire, & qu'il avoit dit qu'il avoit
été la nuit en Espagne. Vilougby ajoûta qu'il répétoit souvent qu'il n'y avoit
rien de plus charmant que d'avoir une
femme. Varham, Archevêque de Cantorbery répondit à la troisiéme, qu'il
avoit conseillé à Henri de faire sa protestation, & de la réitérer lorsqu'il parviendroit au Trône; & Fox, Evêque
de Winchester confirma qu'elle avoit
été faite. Les Légats avoient ces éclair-
cissemens le 21 Juillet, & l'Angleterre entiere s'attendoit à un jugement
le 23, lorsqu'on le vit renvoyé au premier Octobre. Campége toûjours fidele aux instructions qu'il avoit reçues
de tirer en longueur cette grande affaire, prit cette fois-là pour prétexte, que
c'étoit le tems des vacations à Rome,
& qu'il étoit indispensablement obligé
de se conformer à cet usage.

Des détours aussi singuliers devoient

naturellement préparer ceux des Anglois qui avoient des lumieres, au
nouvelles qu'ils reçurent quelques jours
après. Ils apprirent que par un traité
figné à Barcelone le 29 de Juin, l'Empereur s'engageoit à rétablir les Médicis dans Florence avec leurs anciennes prérogatives, à faire reftituer Ravenne & Cervia au Pape, à le mettre
en poffeffion de Reggio & de Modene,
à lui abandonner le Duc de Ferrare,
& à le rendre maître du fort du Duc
de Milan. Charles en traitant auffi favorablement le faint Siége, vouloir
faire oublier à l'Europe entiere les horreurs du Sac de Rome, forcer les François déja découragés à lui faire à Cambray, comme ils firent en effet un mois
après, des facrifices confidérables, fe
venger fur-tout du Roi d'Angleterre
dont il avoit été abandonné, & qui
l'infultoit cruellement dans la perfonne de fa tante. Ce dernier projet fut

favorisé par Clément avec une vivacité & des apparences de soumission qui
ne convenoient, ni à l'indépendance
d'un Souverain ni à la dignité de l'E-
glise. Le Pontife, immédiatement après
son accommodement avec l'Empereur,
révoqua l'affaire du divorce, & se rendit par cette démarche foible & imprudente, l'instrument d'une haine,
d'un orgueil, d'une politique qu'il auroit dû traverser, & dont il pouvoit
très-aisément devenir un jour la victime.

Quoique la partialité de cette démarche offensât vivement Henri, il ne
se livra pas d'abord à toute l'impétuosité de son caractere. Les Légats eurent la liberté de déclarer qu'ils n'a-
voient plus de pouvoir; mais il leur
défendit de lui signifier la Bulle qui les
en privoit. Il y étoit cité à comparoître à Rome dans quarante jours, sous
peine d'excommunication; deux pré-

tentions, dont l'une attaquoit les droits
de fa Couronne, & l'autre pouvoit caufer des troubles dans fon Royaume. Le
Pape parut revenir peu de tems après
fur fes pas, & défavouer par des lettres
particulières ce que les Brefs avoient
de trop vif & de trop hardi. Ce retour
apparent à la juftice augmenta le mépris qu'on commençoit à avoir pour
les cenfures de l'Eglife, fans rien diminuer de la haine qu'on avoit conçuë
pour celui qui en étoit le chef. La tentative qui avoit été faite fut toûjours
regardée comme une de ces entreprifes que Rome hafardoit alors, fuivant
les occafions, pour favoir jufqu'où pouvoit aller la foibleffe ou l'aveuglement
des Puiffances foumifes à fa Communion.

Si une épreuve auffi hardie avoit fait
naître dans la plûpart des cœurs les
difpofitions qui agitoient celui de Henri, il y a apparence qu'elle auroit été

l'époque de quelque grand éclat entre
l'Angleterre & le Saint Siége. La
religion des sujets en impofa à la
paffion du Prince dont le reffentiment
fe borna alors à l'humiliation ou à la
ruine des Légats. Campége fut infulté
à Douvres, & traité par le Magiftrat
en homme fufpect & dangereux. Son
appartement, fes bagages, fes papiers,
tout fut vifité. On lui demandoit les
tréfors de fon Collégue ; & fi les conjectures des meilleurs Hiftoriens font
vraies, on cherchoit la Bulle qui déclaroit nul le mariage de Henri & de
Cathérine. Ces perquifitions étoient
accompagnées de tant d'audace, de
fureur & de défordre, qu'il n'eft pas
étonnant que le Cardinal qui ne pouvoit pas fe croire fans reproche, & qui
avoit peu de courage, ait imaginé
qu'elles finiroient par un affaffinat ; &
& que dans cette perfuafion il fe foit
jetté aux pieds de fon Aumonier pour

lui demander l'abſolution. Reſſuré ſu
ſes craintes par l'évenement, il ſe plai-
gnit avec hauteur de la violence qu'o
lui avoit faite, du peu d'égard qu'e
avoit pour ſon caractere, & des mauvais bruits, qu'on faiſoit courir conu
lui. La Cour lui répondit d'une maniere ſi fiere, ſi vive, ſi dure même,
qu'il ſe vit réduit à regarder comme un
bonheur la facilité qu'on lui laiſſa d
ſortir du Royaume.

Volſey qui y reſtoit n'y étoit pas
tranquille : il ne pouvoit pas ſe diſſimuler à lui - même que quoiqu'il fut le
ſeul auteur du malheureux projet qui
occupoit tous les eſprits, il n'avoit pa
mis dans la pourſuite de cette grande
affaire toute la vivacité, ni employ
tous les moyens que ſon Maître exigeoit de lui. Il ſavoit d'ailleurs qu'on
lui faiſoit deux reproches conſidéra-
bles; le premier, d'avoir cédé en tout
à ſon Collégue, auquel comme plus

ncien Cardinal , & comme Miniſtre
d'Angleterre , il auroit dû donner le
on ; le ſecond, d'avoir écrit avec lui
ne lettre commune au Pape , pour
inviter à prononcer lui-même ſur les
rétentions oppoſées de Henri & de
Cathérine. Les raiſons qui l'avoient
déterminé à cette conduite avoient, il
ſt vrai, paru bonnes à des gens fort
éliés ; & le ſacrifice qu'il avoit fait
e ſon orgueil à celui de Campége &
e Clément, pour les rendre favorables au divorce, avoit été trouvé héroïque ; mais les diſpoſitions avoient
changé avec les évenemens. Le Roi
chagrin de voir ſes eſpérances reculées
& preſque anéanties, ſoupçonnoit ſon
Miniſtre de les avoir trahies, & ſes
doutes devinrent inſenſiblement des
certitudes par l'artifice de ceux qui
l'entouroient. L'hiſtoire fournit peu
d'exemples d'une conſpiration auſſi vive & auſſi générale contre un favori ,

que celle qui se trama alors contre
Wolsey : toute la Cour y entra par
des motifs divers. Anne de Boulen qui,
pour empêcher les murmures , s'étoit
éloignée lorsqu'on se croyoit à la veille d'un jugement favorable , profita de
l'ascendant qu'elle prit à son retour sur
son Amant , pour l'aigrir contre un
homme qu'elle haïssoit par antipathie,
par ressentiment & par politique. Les
Partisans de la Reine étoient persuadés
que si on parvenoit à perdre celui qui
avoit originairement donné à Henri l'i-
dée du divorce, il ne seroit pas impossi-
ble de rappeller ce Prince à son devoir,
ou en lui faisant honte de ses derniers
sentimens , ou en l'intimidant par la
crainte de ne pas réussir à rompre ses
premiers nœuds. Les Ministres qui n'a-
voient encore joui que d'une autorité
limitée, équivoque & incertaine, cherchoient à sortir de la dépendance & à
renverser l'unique barriere qui s'oppo-

roit à leur ambition. Quelques Seigneurs pour qui le Roi avoit un goût décidé, qui vivoient dans sa familiarité, & qui étoient dans ses plaisirs, souffroient impatiemment de ne jouer qu'un personnage agréable, tandis qu'ils voyoient sous leurs yeux & parmi eux un rival heureux, qui depuis vingt ans gouvernoit toûjours l'Angleterre & souvent l'Europe. Les Courtisans souhaitoient par inquiétude la fin d'une administration qui avoit duré long-tems ; & par vanité, la chûte d'un Prélat sans naissance qui n'avoit jamais cessé de les humilier par son faste, & de les accabler de ses hauteurs. Les créatures même de Wolsey approuvoient certainement & appuyoient peut-être les mesures qu'on prenoient pour perdre leur protecteur : le péril de tomber avec lui leur paroissoit moins à craindre, que le malheur d'être le joüet de ses caprices, ou la honte de se sou-

tenir par fa faveur. Ces intérêts particuliers étoient fortifiés par l'intérêt du
Roi. Ce Prince prévoyoit les fuites
malheureufes de l'affaire qu'il pourfuivoit, & craignoit d'être conduit à des
éclats capables de porter à des extrémités fâcheufes fes peuples déja mal
difpofés. Pour les ramener & s'en affurer, il voyoit qu'il fuffifoit de leur
abandonner fon Miniftre qu'ils regardoient comme l'auteur de tous leurs
maux. Un facrifice qui ne coûtoit rien
à fon cœur, & que la politique ju-
geoit néceffaire fut fait aifément. Wolfey fe vit accablé d'une fuite d'accufa-
tions, d'opprobres & de malheurs qui
le conduifirent au tombeau. Il laiffa
une mémoire précieufe aux hommes
d'Etat, mais odieufe aux gens de
bien, le fouvenir de fes fervices, de
fes talens & de fes crimes. *

» Rien n'eft plus fingulier qu'un des chefs d'ac-
» cufation qu'on intenta contre Wolfey ; c'eft qu'a-

Tandis que ce malheureux Favori
luttoit contre la disgrace, la douleur
& la mort, Henri parcouroit quelques-
unes de ses Provinces, pour dissiper
le chagrin que lui avoit causé l'évocation de son procès à Rome. Gardiner & Fox qui étoient du voyage trouverent à Waltham un homme obscur,
mais habile qu'ils consulterent sur un
incident qui n'annonçoit pas un dénoûment heureux. Cranmer, (c'étoit cet
homme) répondit qu'il ne voyoit pas
de voie plus simple ni plus facile pour
sortir du labyrinthe où on étoit engagé, que de consulter toutes les Universités de l'Europe. Ou les Savans qui

yant le mal de Naples, il avoit eu l'insolence de
prendre son haleine trop près du Roi ; apparemment que pour lors cette maladie étoit plus con-
tagieuse, ou la majesté des Rois en plus grande
vénération, qu'elle n'est à présent. Car si ce même cas rendoit criminel aujourd'hui, la Cour ne
seroit pas si nombreuse au levé & au couché des
Souverains. *Higgons.* »

les compofent trouveront, difoit-il, la
difpenfe de Jules II. fuffifante, ou ils
la croiront invalide. Le premier de ces
jugemens doit calmer la confcience du
Prince ; & le fecond mettra le faint
Siége dans l'impoffibilité de prononcer
contre les lumieres de tout ce qu'il y a
de plus éclairé dans la Chrétienté. Ce
raifonnement furprit & entraîna la
Cour : celui qui l'avoit fait y fut ac-
cueilli & placé chez le Comte de Vilt-
chire, pere d'Anne de Boulen ; & on
ne tarda pas un inftant à fuivre une
ouverture dont on crut que l'iffue ne
pouvoit pas manquer d'être favorable.

Toute l'année 1530. fut employée
à faire expliquer les Univerfités. Celle
d'Oxford donna des fcenes fcandaleu-
fes. Les avances qu'on avoit faites aux
anciens Docteurs avoient fi fort révolté l'orgueil des jeunes qu'on ne réuffit
pas à les faire délibérer tranquillement
enfemble, bien loin de pouvoir les
concilier.

concilier. Cette premiere imprudence
n'ayant pas pû être réparée par le zele
& la dextérité des Agens de Henri,
ils eurent recours à la violence. Les
Maîtres-ès-Arts furent tous exclus des
assemblées, & plusieurs Bacheliers em-
prisonnés ou maltraités. Ce qui restoit
de Juges parut si corrompu par des préfens, ou si effrayé par des menaces,
que tous les soins se bornerent à presser
une décision. Pour l'obtenir plus vîte,
on détermina l'Université entiere à se
décharger d'une affaire si délicate sur
trente-trois de ses Membres qui furent
pris au hasard, parce qu'il parut inutile de faire un choix parmi des gens
qu'on supposoit également bien-inten-
tionnés. Cette sécurité, à en juger par
l'évenement, n'étoit pas sage. Les Commissaires avoient la plûpart des principes si opposés à ceux qu'on leur croyoit,
que huit des plus dévoués à la faveur,
furent obligés, pour servir la Cour

d'enfoncer la porte du Greffe, d'en enlever le sceau & de l'appofer à leur avis
particulier, qui difoit que *tout homme*
qui époufe fa belle-fœur agit contre le
droit naturel & contre le droit divin.

Quoique les efprits ne fuffent gueres moins échauffés d'abord à Cambrige, on ne pouffa pas fi loin les démêlés.
Perfonne ne fut privé du droit de fuf-
frage, par l'attention qu'eurent les partifans du Roi dès qu'ils virent les
affemblées devenir tumultueufes, de
faire nommer vingt-neuf Docteurs pour
former le jugement qu'on demandoit.
Treize d'entr'eux fe déclarerent affez
promptement pour le divorce; mais ce
nombre ne fuffifoit pas. Il falloit, comme on en étoit convenu, les deux tiers
des voix. Gardiner & Fox les gagnerent par leurs intrigues; & le mariage
de Henri fut déclaré nul. Cette négociation auroit été moins longue &
moins difficile, fans des intérêts de re-

...igion & de politique qui y avoient un rapport essentiel quoiqu'éloigné. On craignoit que le renvoi de Catherine ne mettât sur la naissance de la Princesse Marie une incertitude qui pourroit un jour troubler l'Etat ; & que si Anne de Boulen montoit sur le Trône, elle ne favorisât le Luthéranisme pour lequel on lui connoissoit un très-grand penchant.

Les Universités de France dont les vûes ne pouvoient pas s'étendre aussi loin, ou sur qui les malheurs qu'on prévoyoit ne devoient pas faire la même impression, furent les premieres consultées, après celles d'Angleterre. On s'adressoit à elles avec d'autant plus de confiance qu'on connoissoit leurs dispositions. On les savoit aigries contre Charles-Quint, qui venoit d'imposer à leur Nation des loix fort dures ; prévenues en faveur de Henri , qui par ses secours rendoit l'exécution du

traité de Cambray poffible ; foumifes
aux volontés de François, qui avoit à
fervir fon Allié , & à fe venger de fon
ennemi. Ces divers fentimens de haine, d'affection, & d'obéiffance, quoique dirigés avec tout l'art poffible par
Langei le plus grand négociateur de
l'Europe, & par l'Evêque de Paris fon
frere qui étoit entré plus avant que
perfonne dans l'affaire du divorce, ne
produifirent pas ce qu'on s'en étoit pro-
mis. On fe déclara peu contre Cathérine. Son mariage ne fut condamné
que par les Univerfités d'Orléans & de
Touloufe, par les Jurifconfultes d'An-
gers & les Théologiens de Bourges,
par les Facultés de Droit & de Théo-
logie de Paris. Il eft vrai qu'excepté
les Jurifconfultes de Bourges, perfonne ne lui fut ouvertement favorable ;
mais nous croyons qu'on doit regarder
comme fes partifans, tous les Corps
favans du Royaume qui ne lui furent

pas contraires. En effet, dans le projet qui avoit été formé d'intimider ou de convaincre le Pape par des autorités, il n'étoit pas possible d'en avoir ni de trop fortes, ni en trop grand nombre. Cette reflexion qui ne pouvoit pas échapper aux Agens de Henri, dût les porter à ne rien négliger pour s'en procurer. La satisfaction qu'on témoigna de la conduite qu'ils tinrent dans cette occasion, prouve qu'ils firent ce qu'ils devoient faire, & que le silence de la plûpart des Universités du Royaume, ne fut qu'une suite de l'impossibilité qu'on trouva à les faire expliquer comme on le souhaitoit. Une fermeté si rare est d'autant plus décisive, qu'on n'étoit pas scrupuleux sur le choix des moyens qui pouvoient surmonter les difficultés. Il est prouvé dans l'histoire par plusieurs témoignages incontestables, & par ceux de Sleidan & de Dumoulin en particulier, que la Sor-

bonne partagée en plufieurs factions
fort vives, n'avoit cédé qu'à des vûes
d'intérêt & de politique, à la volonté
du Roi & à l'argent d'Angleterre.

Le dernier de ces moyens fut feul
affez puiffant pour déterminer les Univerfités de Boulogne, de Pavie, de
Ferrare & de Padoue, à déclarer le
mariage de Henri & de Catherine contraire au droit divin. La corruption fe
feroit encore plus étendue en Italie,
fans la méfintelligence de deux Miniftres plus occupés de leurs intérêts particuliers qne de la gloire de leur Maître. Caffali qui étoit Ambaffadeur à
Rome, mécontent que Crouke qui n'a-
voit point de caractere, voulût fe rendre trop indépendant, ne lui faifoit
point à tems les remifes néceffaires
pour payer les Docteurs qui offrirent
leurs fuffrages, ou ceux qui n'atten-
doient pour le donner que l'inftant où
on le leur demanderoit. La fureur de

e vendre étoit montée à tel point ,
qu'on avoit un Théologien pour un
écu , quelquefois pour deux une Com-
munauté entiere ; & qu'un Couvent de
Cordeliers paſſa pour cher , parce qu'il
en coûtoit dix. Ce compte ſingulier
rendu au Roi lui-même par ſon Agent,
& dont l'original ſe voit encore dans
les archives publiques d'Angleterre,
n'a pas empêché Moriſon qui le con-
noiſſoit de dire qu'on n'avoit pas acheté des voix : il ſoutient que l'argent
qui fut diſtribué aux Canoniſtes en
cette occaſion , n'étoit pas le prix de
leur complaiſance ; mais le ſalaire de
leur travail , & une preuve de la géné-
roſité du Prince.

Il ne fallut pas recourir à une dif-
tinction auſſi frivole, pour juſtifier les
Allemands. Soit que la honte dont
s'étoient couverts les Théologiens d'I-
talie & de France les eût éclairés , ſoit
qu'ils ſe conduiſiſſent avec plus de cir-

confpection depuis que des difputes de
Religion troubloient leur Patrie, ou
qu'ils fuffent retenus par la crainte du
ridicule, du crime, & de l'Empereur,
ils refuferent de fe déclarer pour le
divorce. Les Docteurs de Cologne qui
avoient été plus ouvertement & plus
vivement follicités que les autres, furent loués publiquement de leur fermeté, de leur défintéreffement & de leurs
lumieres. « Rien n'a pû, ni corrom-
» pre votre innocence, ni diminuer
» votre autorité, ni vaincre votre cou-
» rage, leur difoit Pierre de Leyde.
» Un puiffant Roi a marchandé vos
» fuffrages. Le mépris que vous avez
» fait de fon or a dû lui prouver que
» votre vertu étoit à l'épreuve de fes
» largeffes. J'ai honte de rapporter ce
» que fes artifices & fes dons ont obte-
» nu de quelques autres Univerfités ;
» mais vainement. Votre approbation
» eft d'un fi grand poids que fans elle

» toutes les autres font inutiles. » Les Luthériens mêmes ne furent pas favorables à Henri ; & les plus favans d'entr'eux, Bucer & Melanchton décidèrent publiquement que la loi qui défendoit d'épouſer la femme de ſon frere étoit ſuſceptible de diſpenſe. Zuingle & Calvin penſerent autrement ; mais le premier cherchoit à introduire ſes opinions en Angleterre ; & le ſecond n'avoit pas vingt-deux ans, ce qui rendoit l'un ſuſpect de flatterie, l'autre de précipitation, & infirmoit leurs jugemens. Il paroît inutile d'ajoûter que les Univerſités d'Eſpagne & des Pays-bas ne furent point interrogées. On ne ſoupçonnera pas le Monarque Anglois d'être allé chercher dans les Etats de Charles-Quint des Juges contre Catherine.

Cet aveuglement n'auroit pas été toutefois beaucoup plus étrange que celui où l'on étoit en penſant qu'on ra-

meneroit ou qu'on fubjugueroit Rome
par les décifions de quelques Théologiens ou même de quelques Ecoles.
Cette Cour trop intéreffée depuis long-
tems & trop politique pour fe conduire
par les maximes foibles, bornées, &
incertaines des Cafuiftes, regardoit malheureufement la Religion moins comme fa fin, que comme un moyen d'y
arriver. Quand Henri n'auroit pas eu
occafion de connoître jufqu'alors ces
difpofitions, il auroit dû les pénétrer,
par l'indifférence avec laquelle on avoit
vû les manœuvres de fes Miniftres pour
corrompre quelques Docteurs, & les
raifonnemens de fes Ecrivains pour perfuader les peuples. Une inaction auffi
méprifante ne l'avoit pas éclairé d'a-
bord : il n'avoit ouvert les yeux que
peu-à-peu ; & ce ne fut qu'après avoir
perdu beaucoup de tems, qu'il s'apperçut que pour les intérêts de fa paffion, il falloit mettre en jeu ceux de

les Sujets : la chose n'étoit pas difficile.

Les Anglois qui n'avoient vû au
commencement dans l'affaire du divorce, qu'une fantaisie presque indifféren-
te, & dans la suite qu'un démêlé per-
sonnel entre leur Roi & le Pape, s'en
formoient déja une autre idée. Quelques-uns la regardoient comme dan-
gereuse pour la Religion ; mais la plûpart n'étoient allarmés que du péril où
elle mettroit un jour l'Etat. Ils pré-
voyoient que si le mariage de Henri &
de Catherine subsistoit malgré ce qui
s'étoit passé, Marie leur fille seroit trou-
blée après leur mort, par ceux qui auroient quelques prétentions au Trône.
Une crainte aussi-bien fondée leur rappelloit les guerres civiles qui avoient
duré si long-tems entre les maisons
d'Yorck & de Lancastre, & les rendoit attentifs à tout ce qui pourroit
prévenir de semblables horreurs. Le

moyen qui leur paroiſſoit le plus ſûr,
& le plus ſimple, étoit une déciſion
du S. Siége, qui déclarât nulle l'union
contre laquelle en réclamoit avec tant
de force, & qui en autoriſât une autre
qui ne ſouffriroit pas les mêmes difficultés. Ce ſiſtême, le même préciſément que la Cour avoit formé depuis
long-tems, fit aiſément adopter à la
plûpart des Grands du Royaume les
vûes qu'on leur préſentoit : ils écrivi-
rent une lettre commune au Pape.

Ils lui repréſentoient qu'il avoit manqué à la juſtice générale, & à la recon-
noiſſance qu'il devoit à Henri, en
cherchant des prétextes pour ne pas
juger une affaire qui étoit aſſez inſtrui-
te ; que quand ces lenteurs auroient pû
être autrefois innocentes, elles étoient
devenues viſiblement criminelles, depuis que tant de ſavans & pieux Per-
ſonnages de diverſes contrées de l'Europe, avoient déclaré le mariage nul;

que si le Roi n'étoit pas autorisé à former de nouveaux nœuds qui assûrassent
aux enfans qui en pourroient naître la
succession à la Couronne, sa mort seroit suivie de troubles civils que l'état
incertain de sa fille faisoit regarder
comme inévitables par les moins timides ; que l'Angleterre entiere voyoit
avec chagrin ce qu'on faisoit pour compliquer un évenement fort simple, &
que plutôt que de hasader sa tranquillité, elle se porteroit, quoiqu'avec répugnance, à des extrémités fâcheuses ;
qu'il étoit encore tems de prévenir de
si grands malheurs, mais que telle étoit
la disposition des esprits, que peut-être
dans peu il n'y auroit point de remede.
Cette démarche plus vive & plus fiere
qu'aucune de celles qui eussent été encore hasardées, fut secretement accompagnée de toutes les protestations que
Henri crut propres à en faire excuser
la hardiesse, & de toutes les promesses

qui paroiſſoient en devoir aſſûrer le
ſuccès.

La Cour de Rome qui s'étoit fait
dans l'affaire du divorce un plan ſuivi
& fixe, ne reçut aucune des impreſſions qu'on vouloit lui communiquer.
Soit qu'elle crut ſon autorité trop bien
établie en Angleterre pour craindre
qu'on penſât à la ruiner, ou qu'elle vit
aſſez de reſſources dans ſa politique
pour rendre inutiles les entrepriſes
qu'on pourroit former, elle fut fidele à
ſes maximes. Ses réponſes furent pourtant pleines de flatterie & d'ambigui-
té : un ton fier & ſevere auroit pû aigrir
les Grands qui avoient écrit, & juſtifier en quelque ſorte les emportemens
auxquels il étoit aiſé de voir que Henri
alloit ſe livrer.

Ce Prince naturellement vif & emporté ſe faiſoit depuis trop long-tems
violence pour ne pas bien-tôt éclater.
Sorti de ſon caractere pour les intérêts

de sa paſſion, il devoit y être ramené par l'inutilité de ſes efforts. Ceux qui le connoiſſoient le mieux ne doutoient pas qu'il ne prît tout - à - coup des partis extrêmes ; & on fut générale-ment étonné de lui voir mettre de l'or-dre, de l'adreſſe, & une modération apparente dans ſes démarches. Le ſe-cret de cette conduite fut pénétré par quelques hommes d'état ; mais la mul-titude s'y laiſſa tromper. Henri profita de cet aveuglement pour ſuivre ſans interruption le projet qu'il avoit for-mé d'enlever l'Angleterre au Pape. Pluſieurs des voies qu'il prit pour at-teindre un but qui devoit le venger de Clément & couronner ſon amour pour Anne étoient détournées ; quelques autres l'y menoient plus directement ; toutes enſemble devoient l'y conduire.

Il commença par défendre ſous des peines capitales de recevoir aucune ex-pédition de Rome qui ne fut appuyée

de son autorité : cette précaution lui
paroissoit nécessaire pour arrêter les entreprises d'une Cour qui n'est forte ordinairement que de la foiblesse des autres. Le peuple qui est peuple dans
tous les pays & dans tous les tems,
murmura d'abord contre une démarche
qu'il croyoit blesser la Religion. Des
écrits à sa portée semés à propos lui
donnerent facilement d'autres impressions : il devint aussi favorable au divorce qu'il lui avoit été contraire. Une
conquête aussi importante dans les circonstances où on se trouvoit, enhardit
le Prince à attaquer le Clergé qui tombe nécessairement quand il n'est pas appuyé par la multitude. Peut-être Henri
auroit-il préféré une autre voie à celle
de la violence ; mais la plûpart des Ecclésiastiques s'étoient si ouvertement
déclarés pour Catherine, qu'il parut
plus difficile de les gagner que de les
abattre. On avoit contr'eux des griefs
for-

fort importans ; cependant telle étoit
alors la force du préjugé & de l'habitude qu'il fallut, pour ne pas échouer,
recourir à des prétextes vains & éloignés.

Dans le tems qu'une superstition
presque générale aveugloit l'Europe,
Rome avoit usurpé les droits du Souverain en Angleterre comme dans tous
les Etats où le Christianisme s'étoit
établi. Cette usurpation s'étoit soutenue par les intrigues du Clergé qu'elle
faisoit joüir de beaucoup de privileges,
& d'une indépendance entiere des loix
& du Magistrat. Les plaintes que formoit quelquefois la Nation contre des
désordres qui empêchoient le Gouvernement de se former, étoient rarement
écoutées ; & Richard second étoit le
seul Roi qui y eut fait une attention
sérieuse. Il avoit décidé avec son Parlement que le Pape ne pourroit plus conférer aux étrangers des bénéfices va-

cans, comme il étoit en poffeffion de
le faire ; que les Naturels du pays qui
y feroient nommés ne tireroient plus
de lui leurs provifions , & que toutes
les caufes Eccléfiaftiques feroient ju-
gées à l'avenir dans le Royaume. Quoique cette loi célebre fous le nom de
Præmunire qui en étoit le premier mot,
obligeât fous peine de confifcation de
biens, & de prifon , elle n'avoit jamais
été obfervée. Une ancienne poffeffion
& des intérêts particuliers , la fermeté
des Miniftres de la Religion & la foibleffe de plufieurs Princes peu politiques , l'ufage des pays voifins & les
guerres civiles & étrangeres, tout avoit
contribué à faire tomber dans l'oubli
un réglement auffi néceffaire. Henri le
fit revivre , & il fut autorifé par les
Seigneurs & par les Communes à pour-
fuivre ceux qui l'avoient violé : le
Clergé entier fe trouva coupable.

Wolfey venoit d'être Légat , & tous

les Eccléfiaftiques du Royaume avoient
eu recours à lui , ou reconnu du moins
fon autorité : c'étoit une faute, ou , fi
l'on veut, un malheur inévitable. Le
Cardinal étoit tout puiffant, il exerçoit
un pouvoir qui n'étoit pas contrédit ,
& fa commiffion avoit été reconnue par
des lettres patentes & authentiques. Aux
yeux de la raifon la plus auftere , c'eut
été une juftification complette ; l'intérêt du Roi étoit de la trouver infuffi-
fante ; & il affecta de la croire telle.
Pour l'appaifer , il fut décidé qu'on lui
offriroit une fomme confidérable. Ceux
qui furent chargés d'en dreffer l'acte ,
fe trouvérent des Prélats courtifans qui
y donnerent au Prince le titre nouveau
& fingulier, *de Protecteur & de Chef
fuprème de l'Eglife d'Angleterre.* Cette flatterie révolta tout ce qui comptoit
les bienféances ou la Religion pour
quelque chofe : leur répugnance ne fut
pas écoutée, & ils la facrifierent, quoi-

qu'avec tout le chagrin poffible , à la confervation de leurs biens & de leurs dignités. Il n'y avoit point d'autre parti à prendre. Henri s'étoit fi fort entêté d'un honneur qui augmentoit fa puiffance, & qui le vengeoit du Pape, qu'on ne pouvoit pas efpérer de l'y faire renoncer volontairement, & qu'il paroiffoit dangereux de chercher à l'y contraindre. Outre que fon caractere ne le portoit pas à rien relâcher, il étoit affermi dans fes prétentions par les vœux du Parlement qui, aigri depuis long-tems par les hauteurs & la tyrannie du Clergé, en voyoit diminuer le poids ou approcher la fin avec complaifance. Le Prince auroit bien défiré que les Grands & les Communes euffent embraffé auffi vivement lès intérêts de fa paffion que ceux qui lui étoient communs avec l'état ; mais la crainte du Peuple & des Partifans de la Reine les arrêtoit. Pour lever ce dernier obftacle qui paroiſſoit le plus grand des deux, Catherine fut de nouveau preſſée de conſentir à la diſſolution d'un mariage qui faiſoit tout ſon malheur. Elle fut auſſi ferme qu'elle l'avóit toûjours été ; & cette fermeté la fit éloigner le 14 Juillet 1531. de la Cour où elle ne retourna jamais.

Une violence auſſi marquée étoit un évenement déſagréable dont il parut à Rome qu'on pouvoit tirer parti. Cette Cour qui venoit d'être dépouillée en Angleterre de ce qu'elle appelloit ſes droits les plus eſſentiels , s'étoit trouvée par les circonſtances hors d'état de venger ſon injure & de ſoutenir ſes prétentions. Elle avoit ſagement jugé que ſes foudres , à qui les nouvelles opinions avoient fait perdre une partie de leur force, tomberoient tout-à-fait dans le mépris s'ils étoient employés pour des intérêts purement temporels. L'infortune de la Reine intéreſſoit la Religion, & pouvoit affez remuer les peuples pour rendre refpectables les cenfures de l'Eglife. Dans cette efpérance, le Pape fomma Henri au mois de Janvier de l'an 1532. d'éloigner fa Maîtreffe & de reprendre fa femme, & en cas de défobéiffance de comparoître à Rome avec Anne de Boulen pour y répondre fur le fcandale qu'ils donneient l'un & l'autre à la Chrétienté.

Cette démarche ne fit pas fur la Nation l'impreffion de terreur qu'on en efpéroit, & elle aigrit beaucoup plus le Roi qu'on ne l'avoit craint. Pour s'en venger il fe fit repréfenter par fon Parlement que les Annates, les provifions des Bénéfices, & les difpenfes faifoient fortir inutilement des fommes immenfes du Royaume ; que la mort néceffairement prochaine de quantité de vieux Prélats alloit achever de ruiner l'Angleterre, fi on ne réprimoit pour toûjours & fans délai les exactions de la

Cour de Rome ; qu'il convenoit de l'obliger à expédier gratuitement des Bulles, ou de se passer de son consentement pour les occasions où on étoit dans l'usage de le demander ; que tous les Ecclésiastiques devoient être non-seulement déclarés déchus de leurs Bénéfices, mais encore traités comme criminels, s'ils payoient aucun de ses anciens droits au Pape ; qu'il étoit dangereux que les Evêques continuassent à prêter serment au S. Siége le jour de leur consécration, & que l'honneur & la sûreté du Trône exigeoient qu'ils ne promissent obéissance qu'à l'Etat dont ils étoient Membres ; qu'il falloit sur-tout apprendre aux peuples presque toûjours superstitieux le cas qu'ils devoient faire des excommunications qui troubloient l'ordre, & défendre qu'on y eut aucun égard, si ce qui se passoit en occasionnoit. Les deux Chambres laissoient au Prince la liberté de négli-

ger ou d'ériger en loi le plan de gouvernement qu'elles lui avoient tracé.
Cette déférence leur paroiſſoit propre à
intimider Clément, & à le forcer d'accorder au Roi ce qu'il demandoit.

Dans les diſpoſitions où étoit Henri,
il auroit été flatté d'humilier & de dépouiller la Cour de Rome. Des voix
*qui venoient de ſe faire entendre en
faveur de Catherine dans le Parlement
& parmi la multitude, le firent appercevoir du danger qu'il pouvoit y avoir
à prendre une réſolution violente. Cette
conſidération le détermina à ſuſpendre
les coups terribles auxquels il étoit autoriſé. Il eſpéra qu'il ſuffiroit de laiſſer agir la crainte ; & que le S. Siége
abandonneroit le décret d'un de ſes
Pontifes, plutôt que de haſader ſa domination. Le Pape qui démêla ces
vûes, feignit pour les fortifier, une
peur que peut-être il n'avoit pas : il
empêchoit par cette ruſe un éclat fu-

neste, & se ménageoit du tems & des ressources pour ramener à la raison un Prince séduit & inconstant. Le point important & difficile étoit de le rengager dans des négociations longues & compliquées : on en vint à bout de la maniere que nous l'allons dire.

Edouard Karnes, envoyé à Rome au mois de Fevrier avec le caractere, jusqu'alors inconnu , d'*Excusateur* de Henri , mais sans procuration ni lettres de créance, y avoit trouvé les Ministres d'Angleterre, sans considération & presque sans amis. Il avoit vivement travaillé à s'en procurer, & y avoit assez réussi pour causer de la jalousie aux Impériaux. Encouragé par ce premier succès, il avoit soutenu contr'eux que le Roi son maître ne devoit pas être cité hors de son Royaume , & qu'on ne pouvoit pas lui refuser des Commissaires qui jugeassent son procès dans ses Etats. Cette question agitée

feulement devant le Pape , ne faifoit
que peu de bruit , lorfque les éclats de
l'Angleterre contre le S. Siége , firent
arrêter que , pour donner aux efprits le
tems de fe calmer , elle feroit exami-
née publiquement. Cet arrangement
fut fuivi , malgré tout ce que firent les
Miniftres de Charles-Quint pour le traverfer ; & les Avocats de Henri & de
Catherine plaiderent cette grande caufe en plein Confiftoire. La majefté du
lieu , la dignité de l'affemblée , & l'importance de l'affaire en impoferent fi
peu aux Orateurs , que toutes les féan-
ces fe pafferent durant cinq mois en
récriminations odieufes , en injures
groffieres , en baffes plaifanteries. L'in-
décence fut pouffée à un tel excès que
les honnêtes gens ne pouvoient pas la
foutenir , & qu'il n'y avôit que le peuple toûjours avide des traits licentieux,
& charmé quelquefois de l'opprobre
des têtes couronnées , qui s'amufât

d'un fpectacle auffi déplacé.

Tandis que la plûpart des Cardinaux
défefpérés d'être acteurs dans cette comédie, en preffoient d'un côté le dénoûment, le Pape travailloit de l'autre avec plus de vivacité encore à le
reculer. Trop inftruit de la fituation
des chofes pour ne pas connoître le
danger d'un jugement, & trop fidele
à fa politique ordinaire pour s'en écarter dans la circonftance la plus critique
de fon regne, il renvoya le procès au
mois de Novembre, fous prétexte qu'on
entroit déja dans les vacations. Pour
paroître cependant s'en occuper toûjours férieufement & amufer Henri par
les apparences, Clément demanda que
la Cour d'Angleterre donnât de pleins
pouvoirs à l'*Excufateur* qu'elle avoit
à Rome, & il offrit, fi on faifoit cette
démarche, de nommer les Commiffaires qu'on voudroit pour aller recommencer à Londres même les informa-

tions. Comme ce nouveau projet ne
devoit pas être du goût d'un Prince
impatient naturellement, & livré depuis long-tems à une paſſion violente,
le Roi de France fut prié de l'appuyer
de tout ſon crédit.

François I. avoit été juſqu'alors
pour le divorce. Si des raiſons de bien-
ſéance ou de politique l'avoient quelquefois réduit à diſſimuler ſes ſentimens, elles ne les avoient jamais chan-
gés. Sa haine pour Charles-Quint,
ſon attachement pour Henri, & ce
qu'il croyoit le bien de ſon Royaume,
l'avoient empêché de voir les inconvéniens ou l'injuſtice du parti qu'il em-
braſſoit; & il l'avoit toûjours ſoutenu
ouvertement ou en ſecret, par ſes conſeils ou par ſes amis. Quoique le Pape
eut ſuivi avec plus d'attention que perſonne ces démarches, il ne déſeſpéroit
pas de gagner un Prince qu'il ſavoit
franc, généreux & facile. L'étude pro-

fonde qu'il avoit faite des hommes lui
avoit appris que la confiance devoit
presque nécessairement séduire un tel
caractere, & il l'employa. On peut
conjecturer avec vraisemblance qu'il
auroit réussi sans les nouveaux obstacles que la situation de l'Europe lui
oppoſa.

La guerre qui divisoit les Turcs &
la Maiſon d'Autriche, ne paroissoit
plus aussi vive qu'elle l'avoit été autrefois. Il se répandoit même un bruit
confus que les deux Puissances alloient
convenir ou étoient convenues d'une
tréve que Charles - Quint se proposoit
de rendre fatale à ses voisins & à ses
ennemis. Ce péril menaçoit sur - tout
l'Allemagne qui avoit déja perdu une
partie de sa liberté, & que ses dissen-
fions mettoient hors d'état de défendre
l'autre. Son Chef pouvoit & devoit
être naturellement tenté de s'emparer,
fous prétexte de religion, de tous les

Etats de l'Empire qui feroient à fa bien-
féance, ou qu'il jugeroit néceffaires à
l'exécution de fes grands deffeins. Ce
qu'il avoit ofé pour faire élire Roi des
Romains Ferdinand fon frere, ne permettoit pas d'efpérer beaucoup de modération, ni un grand refpect pour les
droits du Corps Germanique.

Les Rois d'Angleterre & de France
qui fentoient les fuites funeftes que
pourroit avoir pour eux l'agrandiffe-
ment de leur ennemi, fe propoferent
de l'empêcher. Pour convenir des
moyens qu'ils employeroient, ils eurent une entrevûe entre Calais & Boulogne au mois d'Octobre. Le réfultat
des conférences fut qu'ils formeroient
conjointement une armée de quatre-
vingt mille hommes pour arrêter les
progrès des Turcs. Ce mot, qui n'étoit
la que pour le peuple, n'empêchoit pas
que des forces fi confidérables ne fuffent deftinées à donner & ne donnaf-

sent en effet de l'inquiétude à l'Empereur, de la confiance à Soliman, du
courage aux Italiens & aux Allemands,
de la confidération aux deux Princes
qui les devoient fournir. Si François
eut fuivi dans ces circonftances les infinuations de la Cour de Rome, & condamné la paffion de Henri, la défiance fe feroit bien-tôt mife entr'eux, ou
du moins la confiance n'auroit pas été
auffi entiere qu'elle devoit l'être. Pour
écarter jufqu'à des foupçons que quelques démarches antérieures auroient
pu faire naître, il preffa fon Allié de
fe paffer de la difpenfe du Pape, &
d'époufer fans délai une femme aima-
ble, qui étoit devenue néceffaire à fon
bonheur. Ce confeil pouvoit avoir un
autre avantage. Il devoit naturellement
fixer dans les intérêts de la France
Anne de Boulen qui avoit fuivi fon
Amant avec le titre de Marquife de
Pembrok, & qui étoit témoin du zele

qu'on montroit pour fon élévation.
Elle ne fut différée que fort peu de
tems. Henri flatté des éloges qu'une
Cour fpirituelle & galante venoit de
prodiguer à fa Maîtreffe , & encouragé par l'approbation qu'un Prince puiffant & célebre donnoit aux vûes qu'il
avoit fur elle , fe hâta de repaffer la
mer , pour mettre fin à fes irréfolutions. Selon l'opinion la plus générale & la mieux fondée , le 14 de Novembre fut choifi pour faire le mariage.

Roland Lée , alors fimple Prêtre,
& depuis Evêque de Lichefield , fut
le Miniftre dont on fe fervit. Le Roi
l'avoit préparé de loin à cette complaifance, en lui confiant, comme fans
deffein , que le Pape lui avoit permis
d'abandonner Catherine & de prendre
une autre femme, pourvû que ce fut
fans fcandale & fans témoins. Ce difcours avoit été tenu fi naturellement,
qu'il

qu'il n'étoit pas tombé dans l'esprit de
Lée, qu'il put y avoir des raisons de
s'en défier. Lorsqu'il fallut commencer
la cérémonie, il fit des réflexions qu'il
n'avoit pas encore faites ; & il demanda à voir l'Acte en vertu duquel on
agissoit. Ses instances furent quelque
tems si vives , qu'on désespéroit presque de les surmonter. La grandeur de
l'injure qu'il faisoit à son Souverain le
frappa à la fin avec tant de force qu'il
fut ou parut persuadé qu'on ne le trompoit pas : il donna la bénédiction nup-
tiale.

Cet évenement, quelque décisif qu'il
fut, ne changea rien aux négociations
qu'on suivoit à Rome. Les Agens de
Henri continuerent à demander que
puisque l'affaire du divorce regardoit la
succession à la Couronne, elle fut jugée en Angleterre & selon les loix du
Royaume. Ils abandonnerent, après les
plus pressantes sollicitations, des vûes

qu'ils défefpérerent de faire réuffir , & fe bornerent à obtenir qu'on remettroit la décifion du procès à quatre Commiffaires, dont le premier feroit nommé par Henri, le fecond par la Reine, le troifiéme par François I. & le quatriéme feroit l'Archevêque de Cantorbery. Dans ce nouveau fiftème, Catherine devoit conferver la liberté d'appeller de la Sentence qui feroit rendue, à trois Arbitres qui prononceroient définitivement & dans un lieu neutre : l'un devoit être Anglois, l'autre François, & le dernier du choix du Pape. La Cour de Londres, que le tems & les occafions avoient inftruite, étoit très-convaincue de l'inutilité de ces démarches ; mais c'eft pour cela même qu'elle les laiffoit faire par fes Miniftres. Son projet étoit d'amufer Clément, jufqu'à ce qu'elle fe fût mife en état de tout finir fans lui & à fon infçu. Une groffeffe qu'il n'étoit plus poffible

de cacher, dérangea le plan qui avoit
été formé. On fut forcé en Avril 1533.
de rendre public le mariage d'Anne
de Boulen, avant qu'on eut pû déclarer nul celui de Catherine. Ce dernier
évenement qui dans l'ordre des choses,
auroit dû précéder l'autre, & qui lui
fut postérieur d'un mois, est si important dans l'histoire que nous écrivons,
qu'il nous paroît convenable de faire
connoître à fonds le Prélat qui le di-
rigea.

Cet homme célebre fut Thomas Cranmer. Un mariage qui le fit chasser de
l'Université de Cambrige où il enfei-
gnoit, avoit commencé à le faire connoître ; & l'affaire du divorce fixa tous
les yeux fur lui. Il fut le premier qui
écrivit en 1530. pour l'appuyer. Son
Livre, beaucoup plus hardi qu'aucun
Théologien n'auroit ofé alors le faire,
lui donna une très-grande célébrité,
& lui assûra la faveur du Roi. Ces deux

avantages fort précieux pour un homme de son caractere, furent suivis d'u-
ne commission de confiance qui préparoit visiblement son élévation. On l'envoya à Rome pour y disposer les esprits à approuver un jour les fantaisies
de Henri. Tout ce qu'il mit d'adresse
dans cette négociation fut perdu pour
son Maître : mais il réussit si bien pour
lui-même, qu'il effaça presqu'entierement les impressions tout-à-fait mauvaises, que sa conduite & ses ouvrages
avoient données de sa personne & de sa
foi. Il partit d'Italie pour aller suivre
ses vûes en Allemagne, où, quoique
Prêtre, il se maria avec la sœur d'O-
siandre, Ministre fameux par ses variations & par ses fureurs. Les Ecrivains
passionnés qui répandirent dans la suite qu'on l'avoit forcé à l'épouser, parce qu'il l'avoit séduite, n'appuyerent
d'aucune raison leur accusation, & n'y
mirent pas même de la vraisemblance.

Cranmer, qui dans le cœur étoit Luthérien, pouvoit bien former secretement des nœuds qui dans ses principes n'avoient rien de criminel ; mais sa politique étoit trop suivie pour qu'il s'exposât légérement à des éclats qui pouvoient ruiner en un instant tous ses projets d'agrandissement. Son imprudence eut été d'autant plus grande qu'il voyoit s'approcher le tems où il seroit le maître de se livrer impunément à tous les goûts qu'il pourroit avoir. La mort de l'illustre & sage Warham, Archevêque de Cantorberi, arrivée le 23 Août 1532. hâta cet instant si désiré. On fit à Cranmer l'injure & la justice de penser que ses principes moins fixes & moins austeres que ceux du vertueux Prélat dont on venoit d'être débarrassé, se plieroient aisément à tout ce qu'on exigeroit, & cette flétrissante opinion qu'on avoit de lui, le plaça sur le premier siége d'Angleterre. S'il est

vrai, comme l'ont écrit fes Panégyri-
tes, qu'il fe fit preffer pour y monter,
ce ne fut qu'une apparence de vertu
que les actions qui l'avoient précédé
pouvoient faire paroître fufpecte, &
que les baffeffes qui la fuivirent rendirent méprifable. En effet, il n'eut pas
plutôt reçu fes Bulles, qu'il fe fit facrer
le 13 Mars 1533, & qu'il prêta le
ferment de fidélité qu'on faifoit au Pape depuis plufieurs fiecles. Comme
cette démarche ne pouvoit fe concilier
ni avec fa doctrine, ni avec la conduite qu'il alloit tenir, il crut fauver
aux yeux du public la honte de la con-
tradiction par une proteftation qui devoit naturellement la faire remarquer
davantage. Les ménagemens lui parurent bien-tôt onéreux ou inutiles ; & il
devint fans referve & publiquement le
miniftre des paffions de Henri.

Ce rôle, quelque honteux qu'il fût
en lui-même, étoit fi naturel au nou-

vel Archevêque, qu'il le commença
sans honte & sans ménagement peu de
jours après la cérémonie de son sacre.
Par ses sollicitations & peut-être ses
intrigues, il amena le Clergé qui étoit
alors assemblé pour prononcer sur l'affaire du divorce, à un jugement tel
qu'on le souhaitoit. L'ambition, la
crainte, & la conviction y avoient, il
est vrai, assez disposé la plûpart des
Membres de ce Corps puissant. Cependant si un esprit souple & ardent en même-tems ne leur eût communiqué son
mouvement, les suffrages n'auroient été
ni aussi promptement donnés, ni aussi
unanimes. Cette décision annonça aux
esprits attentifs & clair-voyans ce qui
arriveroit. Cranmer s'en servit ou en
abusa, pour déclarer nul le mariage
de Henri & de Catherine. Le refus que
fit la Reine de le reconnoître pour juge,
ni la précaution qu'avoit prise le Pape
de se réserver à lui seul la connoissance

de ce grand procès ne retarderent pas
d'un inftant la Sentence : elle fut rendue le 23 de Mai.

Six jours après Anne de Boulen
arriva de Granevich à Londres dans
une barque peinte galamment & pré-
cédée ou fuivie de cent-vingt autres
remplies de ce que le Royaume avoit
pu fournir de meilleurs inftrumens, &
la Cour de perfonnes plus confidérables. Elle defcendit avec fa fuite à la
Tour où elle fut reçue au bruit de l'artillerie. On la fit repofer un jour, &
le fuivant elle alla au Palais de Witte-
hal en habits royaux, & portée dans
une litiere de fatin blanc toute ouverte. Une compagnie de Négocians François vêtus magnifiquement & montés
fur des chevaux de prix, marchoient
devant la Princeffe. On voyoit autour
d'elle Milord Guillaume & le Duc de
Suffolc, dont l'un faifoit l'office de
Grand Maréchal, & l'autre celui de

Connétable. Après eux venoient douze Dames vêtues de drap d'or & dont
les haquenées étoient caparaſſonnées
de la même étoffe. Un chariot magnifiquement orné portoit la vieille Du-
cheſſe de Norfolc & la Comteſſe de
Vilſchire, mere de la nouvelle Reine.
Il étoit ſuivi d'un grand nombre de
Demoiſelles à cheval parées avec goût,
& de trois autres chariots remplis par
de jeunes perſonnes qui n'avoient d'a-
vantage ſur les premieres que celui que
donne le rang ou la faveur. Les Ambaſſadeurs de France & de Veniſe accompagnés de l'Archevêque de Cantorbery, & du grand Chancelier groſ-
ſiſſoient un ſi beau cortége. Plus de
trois cens Gentilshommes fermoient
cette marche dont l'éclat étoit alternativement relevé par des arcs de triomphe, des inſcriptions ingénieuſes, &
des ſpectacles répandus pour amuſer le
peuple. Le jour ſuivant qui étoit un

Dimanche, Anne se rendit à pied jusqu'à l'Eglise où elle devoit être cou-
ronnée ; & elle fut servie selon sa dignité dans le somptueux repas qui suivit cette auguste cérémonie. La fête
fut terminée par un tournois de seize
Chevaliers divisés en deux quadrilles
le frere du Duc de Norfolc & Milord
Careu qui les menoient rompirent leurs
lances avec une adresse singuliere.
Pour qu'il ne manquât rien à la satisfaction de la nouvelle Reine, il fut défendu à Catherine de prendre, & à
la Nation de lui donner d'autre titre
que celui de *Princesse Douairiere de
Galles.*

Le Pape reçut avec un chagrin violent & un dépit sensible la nouvelle de
ce qui venoit de se passer en Angleterre. Il vit dans le jugement même
une injustice qui le dépouilloit des
droits de son siége ; & dans l'éclat qui
l'avoit suivi, un dessein marqué de le

mortifier. Plus jaloux, comme presque tous les hommes, de ce qui regardoit sa personne, que de ce qui regardoit sa place, il se livra d'abord à l'espérance d'une vengeance entiere, & ne fut ramené à ses vrais intérêts, & à des vûes raisonnables & pacifiques, qu'après plusieurs jours. Comme cette disposition étoit l'ouvrage des Ministres de France, elle fut combattue avec une violence & une opiniâtreté extrème par les partisans de l'Empereur. Les Cardinaux de cette faction parloient avec d'autant plus de hauteur, qu'ils avoient annoncé ce qui venoit d'arriver; & que leur prédiction qui avoit passé jusqu'alors pour l'effet de leur passion étoit attribuée depuis l'évenement par le public à la supériorité de leurs lumieres. Une prévention aussi générale les rendoit plus maîtres dans Rome que Clément lui-même. Ils abuſerent de l'aſcendant que les circonſtances leur donnoient ſur lui pour lui arracher une Bulle qui excommunioit Henri & Anne de Boulen, s'ils ne ſe quittoient avant la fin de Septembre. Ce terme, par les ſoins du Cardinal de Tournon, fut prolongé d'un mois, délai court, mais ſuffiſant pour gagner l'entrevue de Marſeille, ſur laquelle les amis de Henri comptoient beaucoup.

Cette Ville avoit été choiſie pour être le théatre du mariage du Duc d'Orléans avec Catherine de Médicis, union extraordinaire qui exerçoit depuis deux ans les Politiques, & qu'ils avoient regardée la plûpart comme un projet des plus chimériques qui euſſent jamais été formés. L'Europe ne pouvoit ſe perſuader que François qui avoit de la hauteur dans l'ame donnât à ſon ſecond fils une épouſe dont l'origine étoit récente, & qui étoit niéce d'un

Pontife qu'il n'aimoit ni n'eſtimoit.
L'Empereur lui-même qui étoit né
ſoupçonneux, qui s'endormoit rarement ſur ſes intérêts, & dont le défaut
étoit de prendre des précautions ex-
ceſſives, trouvoit ſi peu de vraiſemblance dans cette alliance, qu'il ne fit
aucune démarche pour la traverſer.
Quoiqu'une ſécurité auſſi entiere ne
fut pas blâmée dans le tems, peut-être
avec plus de pénétration ou de reflexion
ſeroit-on parvenu à ſoupçonner qu'un
Prince qui avoit beaucoup de foiblef-
ſes, étoit capable de pouſſer ſa paſſion
pour le Milanès juſqu'à s'abaiſſer à tout
pour le recouvrer, & que Clément
pouvoit être tenté de lui en faciliter la
conquête pour donner de l'illuſtration
à ſa maiſon. Tels furent les deux intérêts qui avoient donné l'idée du mariage, qui avoient ſurmonté les obſta-
cles qui s'y oppoſoient, & qui le fi-

rent conclure à Marſeille dans le mois
d'Octobre. *

* Les Annales d'Aquitaine nous ont con-
ſervé le ſouvenir d'une plaiſanterie qui fit l'a-
muſement des deux Cours. Nous l'allons
rapporter dans les termes de l'Auteur contemporain. `` A cette vue du Pape & du
,, Roi, où tout le ſang de France étoit, &
,, pluſieurs Princes & Seigneurs, & auſſi la
,, Royne de France & ſa ſuite, fut fait, com-
,, me le commun bruit étoit, un joyeux tour
,, digne de mémoire à trois, Dames de la
,, Royne, vertueuſes, chaſtes & devotes.
,, C'eſt que ces trois bonnes Dames, qui
,, étoient veufves, de petite complexion, &
,, ſouvent malades, voulurent avoir permiſ-
,, ſion du Pape de pouvoir manger de la chair
,, les jours prohibés, & pour ce impétrer du
,, Pape, en ſeyrent Requeſte à Monſieur le
,, Duc d'Albanye ſon proche parent, qui
,, leur en feit promeſſe, & les feit venir au
,, logis du Pape en cette eſpérance. Le Duc
,, d'Albanye fort familier des dites veufves,
,, pour donner quelque paſſe-temps au Pape
,, & au Roi, dit au Pape : Pere ſaint, il y a
,, trois jeunes Dames qui ſont veufves, &
,, en âge de porter enfans ; j'eſtime qu'elles
,, ſoient tentées de la chair, parce qu'elles
,, m'ont prié de vous faire requeſte de pou-

Un évenement aussi inespéré & aussi
heureux devoit naturellement plonger

,, voir avoir approchement d'homme hors
,, mariage, si & quant elles en seront pres-
,, sées. Comment, dit le Pape, mon Cou-
,, sin, ce seroit contre le commandement de
,, Dieu dont je ne puis dispenser ! Je vous
,, prie, Pere saint, les ouïr parler, & leur
,, faire cette remontrance, à quoi s'accorda.
,, Si entrerent les dites Dames en la salle où
,, étoit le Pape, & après s'être jettées de ge-
,, noux devant lui, & baisé ses pieds, l'une
,, d'elles lui dit : Pere saint, nous avons prié
,, M. d'Albanye vous faire une Requeste pour
,, nous, & vous remontrer nos aages, fragi-
,, lité, & petites complexions. Mes filles,
,, leur dit le Pape, la Requeste n'est raison-
,, nable ; car ce seroit contre le commande-
,, ment de Dieu. Les dites veufves ignorant
,, le propos que ledit Duc d'Albanye lui
,, avoit tenu, lui répondirent : Pere saint,
,, vous plaise nous donner congé trois fois
,, la semaine pour le moins en Carème, &
,, sans scandale. Comment ! dit le Pape, de
,, vous permettre le peché de luxure ; je me
,, damnerois ; aussi je ne le sçaurois faire.
,, Lesdites Dames entendirent incontinent
,, qu'il y avoit de la raillerie, & lui dit une
,, d'icelles : nous demandons congé de man-
,, ger de la chair seulement ès jours prohibés.
,, Et le Duc d'Albanye leur dit : je pensois,

le Pape dans une efpece d'ivreffe qui
le difpoferoit à tout accorder. Ceux
qui penfoient ainfi avoient preffé Henri de profiter pour finir l'affaire du divorce d'une conjoncture qui pouvoit
paroître décifive, & l'avoient déterminé à envoyer des Ambaffadeurs. On a
conjecturé que leurs foins auroient
réuffi, fi le Prince accoutumé à prendre de fauffes mefures comme tous les
hommes qui font dominés par des paffions violentes, n'avoit négligé de leur

,, Mefdames, que ce fût chair vive. Le Pape
,, entendit le paffe-temps, & fe print à foub-
,, rire, difant au Duc d'Albanye : mon Cou-
,, fin, vous avez fait rougir ces Dames-là,
,, la Royne n'en fera pas contente quand elle
,, le fçaura. Le Roy, la Royne & les Princes
,, fçurent incontinent cette comédie qui fut
,, trouvée bonne. ,, Brantome a raconté le
même fait, & voici comment il finit : L'on
m'a nommé les trois Dames, Madame de
Château-Briant, Madame de Châtillon, &
Madame la Baillive de Caën, toutes très-
honnêtes Dames. Je tiens ce conte des anciens de la Cour.

donner

donner des pouvoirs. Une inattention aussi marquée offensa également Clément qui laissa éclater son indignation, & François qui cacha la sienne pour ne pas se mettre hors d'état d'être utile à un Allié qu'il servoit par goût & par intérêt. Cette modération en inspira au Pape, & le fit consentir à attendre en Provence le retour d'un Courier qu'on fit partir pour l'Angleterre. La Cour de Londres qui n'avoit jamais eu des principes trop fixes, & qui par une fatalité presque inséparable de certaines affaires, ne se conduisoit plus que par humeur ou par dépit, ne profita pas des ouvertures qu'on lui faisoit. Soit qu'elle se trouvât humiliée par la condescendance de la Cour de Rome, ou par les bons offices de celle de France, elle se refusa à un accommodement qu'elle avoit sollicité très-vivement. Un procédé si bisarre fut accompagné de tout ce qui étoit capable de le rendre odieux. Les Miniftres Anglois qui étoient à Marfeille , furent chargés d'appeller au futur Concile de tout ce qui avoit été fait par le Pape ; & ils exécuterent leurs ordres , fans les avoir communiqués au Prince généreux & facile dont leur Maître avoit employé la médiation. Cette conduite étoit trop extraordinaire pour qu'on n'y cherchât pas du myftere. Des politiques plus rafinés que profonds, prétendirent que Henri y avoit été pouffé par des impulfions étrangeres & artificieufes. François fur qui tomboient les foupçons, les diffipa fans peine ; mais il étoit plus facile de ramener des imaginations égarées , que d'adoucir le cœur ulcéré d'un fouverain Pontife qui avoit été outragé. Clément reprit la route d'Italie, au défefpoir de l'affront qu'il avoit reçu, & très-déterminé à s'en venger.

S'il y avoit un moyen de prévenir les fuites d'un reffentiment fi vif, c'étoit une diligence extrême ; & le Roi de France la fit. Il envoya en Angleterre sans perdre de tems, l'Evêque de Paris du Bellay. Ce Prélat qui joignoit à beaucoup d'esprit le talent des affaires, au goût des lettres la science de la Cour ; à la connoissance générale des hommes la connoissance intime du caractere de Henri, profita si bien de l'ascendant que lui donnoient ces avantages sur un Prince inquiet, extrème & irrésolu, qu'il parvint à lui faire souhaiter qu'on put renoüer des négociations avec le Pape. Une commission aussi délicate étoit si visiblement au-dessus du talent des Ministres Anglois les plus déliés, qu'on lui fit les plus vives instances pour qu'il s'en chargeât lui-même. L'ambition de réussir dans une chose très-difficile le détermina à ce qu'on souhaitoit de lui. Il partit pour Rome en Décembre, sans être arrêté ni par les rigueurs de la saison, ni par la crainte que pouvoient lui donner les variations dont il étoit témoin, d'être un jour révoqué ou défavoué.

Le fuccès des démarches qu'il fit dans les deux premiers mois de 1534, conjointement avec l'Evêque de Mâcon, leur parut à tous deux fi grand, qu'ils fe crurent prefqu'affûrés d'une décifion favorable. Cette perfuafion les détermina à preffer un jugement qu'ils croyoient devoir rendre la tranquillité à Henri & à l'Eglife. Avec moins de préfomption ils feroient entrés en défiance de la fécurité du parti contraire, & n'auroient pas attribué à fon aveuglement ce qui étoit une fuite néceffaire de la connoiffance de fes forces. Le Pape qui voyoit leur erreur, auroit pu les défabufer. Nous foupçonnons qu'il ne le fit pas, parce qu'il étoit las avec toute l'Europe d'un démêlé qui duroit depuis fept ans, & qu'il regardoit comme un grand bonheur d'être forcé en quelque maniere de le terminer. Un autre avantage qui devoit le frapper beaucoup, c'est qu'en prenant ce parti il paroissoit ne suivre que les impressions de la France, complaisance apparente qui ôtoit à cette Couronne le prétexte de faire un éclat, & la mettoit dans une espece de nécessité d'abandonner les intérêts de l'Angleterre. Quoiqu'il en soit de ces conjectures, Clément assembla son consistoire le 23 de Mars. De vingt-deux Cardinaux qui le composoient tous, excepté trois, se déclarerent contre le divorce. Leur décision fut suivie d'une Sentence qui cassoit le mariage de Henri avec Anne de Boulen, & qui obligeoit le Prince à reprendre Catherine sous peine d'excommunication pour lui, & d'interdit pour son Royaume.

La plûpart des Historiens racontent cet évenement malheureux d'une autre maniere. Ils prétendent que le Pape

gagné par les Négociateurs François;
confentoit à laiffer juger l'affaire du divorce à Cambray par des Juges qui ne
feroient pas fufpects au Roi d'Angleterre ; qu'il y avoit lieu de croire qu'on
étoit convenu de ce qui y feroit décidé, & qu'on avoit trouvé un tempé-
ramment qui, fans trop traverfer la paffion de Henri, mettoit à couvert les
droits & la gloire du S. Siége ; que
pour affûrer l'exécution d'un arrangement qui avoit coûté tant de foins &
de travaux, il avoit paru néceffaire de
lier par écrit la Cour de Londres dont
la politique étoit devenue incertaine &
la foi chancelante ; que du Bellay qui
voyoit augmenter fes efpérances par
cette précaution l'avoit trouvée fort
fage, & qu'il avoit agi vivement &
fincérement pour obtenir de Henri l'engagement qu'on exigeoit ; que cet engagement n'avoit pas été porté à Rome
dans le tems marqué, & que les Impé-

riaux avoient profité du retardement pour déterminer Clément à lancer les foudres de l'Eglife, fans accorder un délai de fix jours qu'on demandoit ; que le Courier étoit arrivé deux jours après le jugement avec des nouvelles favorables ; mais que les Cardinaux dévoüés à Charles-Quint avoient empêché qu'on ne revint fur la démarche qui avoit été faite.

Quoique ce dernier récit fondé fur l'autorité de Martin du Bellay, Ecrivain exact, contemporain & profondément inftruit, foit prefque généralement adopté ; nous ne balançons pas à lui préférer l'autre. Il eft tiré des lettres des Evêques de Paris & de Mâcon à François I. Ces deux Négociateurs y paroiffent fi honteux d'avoir mal connu la difpofition des efprits, & d'être en quelque maniere la principale caufe d'un malheur irréparable, qu'ils n'auroient pas manqué de faifir l'anec-

dote du Courier, si elle eût eu quelque
fondement. Leur silence sur un fait important qui pouvoit les justifier, diminuer du moins leur faute, peut, si nous
ne nous abusons, passer pour une dé-
monstration de sa fausseté. Après tout,
dans quelque esprit & de quelque maniere que cet évenement eût été conduit, il ne décida de rien, puisque tout
ce qui passa pour en être la suite, l'a-
voit précédé. La sentence d'excommunication ne fut portée que le 23 Mars,
& le Parlement avoit fait le 14 du même mois une loi qui défendoit de reconnoître l'autorité du S. Siége.

Quelque simple que soit ce calcul,
la plûpart des Historiens ne l'ont pas
fait, & ils ont écrit que le jugement
rendu à Rome en faveur de Catherine,
avoit perdu la Religion en Angleterre.
Ce qui les a trompé, c'est qu'ils n'ont
pu se persuader que Henri ait pu prendre un parti violent, sans avoir vu si la

décifion qu'il follicitoit depuis fi long-
tems lui feroit contraire ou favorable.
Plus de pénétration ou de reflexion les
auroit convaincus que le Roi avoit
voulu tout à la fois faire approuver fon
divorce par Clément, & fe fouftraire
à fon obéiffance, & qu'il croyoit avoir
pris fes mefures pour fe procurer ces
deux avantages dans le même tems. Le
premier de ces projets échoüa, comme
nous l'avons dit : mais le fecond réuffit
malheureufement. Henri recueillit le
fruit d'une politique profonde & fuivie,
qu'il avoit eu la force de laiffer regarder jufqu'alors, comme un excès d'emportement. Depuis quatre ans qu'il
préparoit fa vengeance, il l'avoit beaucoup avancée, en accoûtumant infenfiblement fes Sujets à un mépris extrême pour le Pape : elle fe trouva prête
lorfque le tems d'agir fut venu ; & il
s'y livra avec fuccès. Sans faire d'autre changement dans la Religion, il

défendit tout commerce avec le saint
Siége ; & il voulut être lui-même chef
de l'Eglife dans fon Royaume. Le Parlement, fans qu'il fut befoin de négociations pour le gagner, de menaces
pour l'intimider, ou de graces pour le
corrompre, autorifa le fchifme, & déclara criminels d'Etat, tous ceux qui re-
fuferoient au Roi un titre dont il étoit
jaloux, comme Théologien, & comme Souverain. Il eft vrai que la plûpart des Evêques & des Eccléfiaftiques
du fecond ordre qui devoient fe trouver dans les deux Chambres s'en ab-
fenterent lorfqu'on y paffa cet Acte:
mais prefque tous le foufcrivirent bien-
tôt après, convaincus qu'il y avoit une
grande différence entre fe conformer à
une loi faite par une autorité légitime,
& donner fa voix pour la faire. Leur
exemple très-puiffant par lui-même fur
l'efprit de la multitude pour lui faire
oublier fes anciens principes, fut enco-

tre soutenu de tout ce qu'on crut propre
à le fortifier. Cranmer, Archevêque de
Cantorbery dissipoit les scrupules des
Citoyens religieux ; & Cromwel, Ministre d'Etat intimidoit les foibles. Ceux
qui eurent assez de lumiere dans l'esprit pour démêler les sophismes, & assez
d'élévation dans le cœur pour résister
aux menaces, ne formerent qu'un nombre très-borné qui périt dans les sup-
plices. Le reste de la Nation adopta
les idées schismatiques qu'on lui pré-
sentoit. * Elle suivit depuis les opinions de Zuingle sous Edouard, retourna à la communion de Rome sous

* « Henri voulut étendre le schisme hors
» de ses Etats. Pour y réussir, il envoya au
» Roi d'Ecosse des Livres magnifiquement
» reliés, qu'il avoit fait imprimer pour justi-
» fier sa revolte contre le S. Siége. Jacques
» les jetta au feu sans les lire, en disant :
» J'aime mieux réduire en cendres ces Li-
» vres précieux, que de m'exposer en les li-
» sant à brûler dans les flammes éternelles. »
Le Cardinal Polus.

Marie, & se forma sous Elisabeth un culte qu'elle professe encore aujourd'hui sous le nom de Religion Anglicane.

Une innovation aussi singuliere que celle que Henri faisoit dans ses Etats, pouvoit bouleverser l'Europe , & n'y produisît pas la plus légere fermentation. Le Pape qui auroit pu allumer l'incendie , mourut avant que son esprit naturellement irrésolu, se fut fixé à aucun parti , ou que les circonstances lui eussent permis d'exécuter , de laisser entrevoir même les projets qu'il pouvoit avoir formés. Il emporta au tombeau la réputation d'avoir mal connu les intérêts de son siége, ou de ne les avoir pas sû ménager dans l'affaire du divorce ; de s'y être livré à une politique tantôt lente & tantôt précipitée; d'avoir nourri & détruit alternativement les espérances d'un Roi aveuglé par sa passion ; de s'être enfin montré

timide, soupçonneux & diffimulé, lorfqu'il auroit fallu avoir ou affecter de la
bonne foi, de la franchife, de la fermeté. L'Empereur qui s'étoit chargé
de faire exécuter la Sentence rendue en
faveur de Catherine, fut détourné d'u-
ne entreprife auffi hardie par le péril
où elle le jettoit. Ses reflexions le conduifirent à penfer qu'il étoit plus dangereux pour lui d'aigrir un Prince vif
& puiffant, qu'agréable de fe livrer à
une vengeance incertaine & inutile.
François I. qui avoit été autrefois affez
offenfé des hauteurs & des partialités
de la Cour de Rome, pour que Henri
fe flattât & pût fe flatter peut-être de
l'affocier à fes violences, n'étoit plus
dans les mêmes difpofitions. Les liai-
fons qu'il avoit prifes avec le Pape, la
guerre qu'il alloit foutenir contre Charles-Quint, l'habitude des opinions anciennes, l'attachement que fes Sujets
avoient pour le S. Siége; tout fe réu-

nit pour l'empêcher de fuivre l'exemple de fon Allié. Le Roi d'Angleterre
qui éprouvoit de la part de fes peuples
moins de contradictions qu'il ne l'avoit
craint, & qui trouvoit dans fon cœur
pour furmonter les difficultés, plus de
fermeté qu'il ne l'avoit peut-être efpéré, fe livroit & formoit l'habitude de
fe livrer le refte de fa vie à ce que les
paffions ont de plus injufte, de plus
violent & de plus abfolu.

Pour ne parler que de celle qui fournit le fond de l'hiftoire que nous écrivons, elle caufa la chûte d'Anne trois
ans après avoir procuré fon élévation.
Cette Princeffe qui confervoit fur le
Trône le fonds de coquetterie qui l'y a-
voit placée, étoit généralement blamée.
Le Roi feul n'appercevoit pas ce défaut de dignité ou de vertu, & il eut
befoin de former de nouvelles amours
pour être éclairé. Ses premiers foupçons furent fortifiés, fi nos conjectures

font vraies, par ceux qui étoient restés secretement attachés à Rome, & qui pensoient que s'ils réussissoient à perdre leur ennemie, la réconciliation de l'Angleterre avec le S. Siége deviendroit possible. L'intérêt de leurs opinions, le plus fort qui puisse occuper les hommes, les rendit ardens contre la Reine : ils l'accuserent d'avoir un commerce criminel avec Noris, Smeton, Weston, Berreton, ses domestiques, & avec le Lord Rochefort son frere.

A juger d'Anne par ses réponses, elle n'étoit ni tout-à-fait innocente, ni aussi vicieuse que le prétendoient ses Délateurs. De son aveu elle avoit tenu la plûpart des discours imprudens, licentieux même qu'on lui attribuoit ; mais elle soutint qu'il n'y avoit jamais rien eu que d'honnête dans ses actions. Les dépositions de ses complices s'accorderent avec les siennes ; & il n'y eut que le Musicien Smeton à qui la

crainte ou la vérité fit dire qu'il avoit
fouillé le lit du Roi fon Maître. Ce
témoignage, quoiqu'il fut unique, qu'il
dût être au moins balancé par ceux qui
lui étoient oppofés , & qu'il ne fut revêtu d'aucune des formalités que la loi
exige, décida du fort des accufés. On
les condamna tous à mort ; & la Sentence fut affez promptement exécutée.
Il n'y eut que le fupplice de la Reine
qui fut différé de quelques jours par un
rafinement de vengeance dont on trou-
ve peu d'exemples dans l'hiftoire.

Cette Princeffe qui avoit des fingu-
larités dans le caractere, fe trouvoit en
quelque maniere dédommagée de fon
malheur par le fouvenir de fa grandeur
paffée , & par l'efpérance de celle qui
attendoit fa fille Elifabeth. Henri lui
envia cette double confolation ; & pour
la lui ravir, il penfa à faire déclarer
nul fon mariage avec elle. Dans cette
vûe il la fit accufer d'avoir eu avant de
monter

monter sur le trône des engagemens
indiſſolubles avec Perci. Le Lord refuta une calomnie auſſi odieuſe avec la
fermeté qu'inſpire aux ames élevées une
innocence entiere : mais Anne ſe laiſſa
perſuader de convenir de ce dont on la
chargeoit. Il n'eſt pas aiſé de deviner
les motifs de cette foibleſſe : tout ce
qu'on a imaginé pour l'expliquer ſe
réduit à une conjecture aſſez vraiſem-
blable. Les Pairs du Royaume qui
avoient jugé la Reine l'avoient condamné à être brûlée vive, ou à perdre
ſeulement la tête, ſelon qu'il plairoit
au Roi. La crainte qu'elle avoit du feu,
& l'aſſurance qu'on lui donna, que ſi
elle faiſoit l'aveu qu'on lui demandoit,
elle ne ſeroit que décapitée, pûrent
fort bien l'y déterminer. Quoiqu'il en
ſoit, ſa déclaration fut ſuivie d'une
ſentence de divorce entre Henri & elle.
Ce trait d'humiliation auquel elle n'é-
toit pas préparée, quoiqu'elle eut pû

l'être, lui flétrit l'ame & la fit monter sur l'échaffaud le 19 Mai 1536, plutôt avec la tranquillité qu'inspire le défefpoir, qu'avec le fang froid que donne le courage.

Il n'y avoit pas vingt-quatre heures que cette tragédie étoit finie, lorfque le Roi forma publiquement de nouveaux nœuds. C'étoit un mépris trop marqué des bienféances pour ne pas partir d'un grand fonds de corruption, & une paffion trop vive pour ne pas faire foupçonner que fans la jeuneffe & les graces de Jeanne Seymour, Anne de Boulen n'auroit pas été trouvée fi criminelle. La nouvelle Reine ne joüit de fon élévation que jufqu'au mois d'Octobre 1537. Elle mourut en donnant la vie au Prince Edouard. Ceux qui ont écrit que Henri, averti qu'il falloit fe refoudre à perdre l'enfant ou la mere, avoit dit : *Allez, qu'on fauve le fruit ; il eft affez de femmes au mon-*

de ; *mais on n'a pas quand on veut
un fils* , & que fur cette décifion on
s'étoit déterminé à faire l'opération
Céfarienne , ont plus confulté leurs
préjugés & les bruits populaires que la
vérité , & les monumens authentiques
qui nous reftent de ce tems-là.

Les Hiftoriens ont mieux démêlé
les vûes d'intrigue & de politique qui
éleverent *Anne de Cléves* fur le Trône.
Ils conviennent affez généralement
que Cromwel qui étoit fecretement Luthérien , forma ce projet pour avoir
une Reine de fa religion , & que Henri
l'adopta pour fe procurer dans l'Empire,par cette alliance,des amis dont il
prévoyoit qu'il alloit avoir befoin. Ce
nouveau lien ne fut pas heureux. Le
Prince qui l'avoit formé avec répugnance , & feulement par raifon d'état,
ne combatit plus fon dégoût , dès qu'il
vit la fituation des affaires tout-à-fait
changée ; & il fe fit prier par fon Par-

lement de faire examiner la validité de
son mariage. Le Clergé le déclara nul
sous les ridicules & vains prétextes,
que le Roi n'y avoit pas donné un consentement intérieur, & que la Reine
avoit eu autrefois un engagement avec
le fils du Duc de Lorraine. Cette nouvelle fantaisie de Henri lui coûta à lui
un crime, à son favori la vie, une baf-
fesse au corps qui représentoit la Nation, & l'honneur à Anne de Cleves.

Un terme aussi humiliant d'une élévation qui n'avoit duré que depuis Janvier 1540, jusqu'au mois de Juillet
de la même année, n'empêcha pas
Catherine Howard d'aspirer à la Couronne : le Duc de Norfolk son oncle,
& Gardiner, Evêque de Winchester la
lui mirent sur la tête dès le huit d'Août.
Ces deux Ministres avoient un dessein
plus important, que de s'assûrer par-là
le crédit que la mort de Cromwel leur
avoit donné : ils portoient leurs vûes

jufqu'à la réconciliation de l'Angleterre avec le S. Siége. Leur projet auroit peut - être réuffi, fi la nouvelle
Reine n'avoit pas perdu, par le défordre de fes mœurs, l'afcendant que leurs
confeils lui avoient fait prendre dans
les affaires. Cranmer & les autres ennemis du parti qu'elle foutenoit, dé-
couvrirent fes intrigues : les preuves
dont ils accompagnerent l'accufation
qui fut formée contr'elle furent trou-
vées fi fortes, que le Parlement la fit
décapiter le 12 de Février 1542.

Cette févérité que le Roi avoit or-
donnée, plaça fur le Trône au mois de
Juillet de l'année fuivante, Catherine
Parr, veuve du Baron de Latimer.
Avec de l'efprit, des graces, une raifon fupérieure, de l'élévation, beaucoup de complaifance, & une conduite hors de tout foupçon, elle fe vit plufieurs fois fur le point de fubir les peines deftinées au crime. Son attache-

ment pour le Luthéranifme effaçoit aux
yeux de fon époux ce qu'elle avoit de
vertus ou de talens ; & on conjecture
avec vraifemblance que fes opinions
l'auroient conduite au divorce ou fur
l'échaffaud , fi Henri ne fut pas mort
au commencement de 1547. Il eut le
tems & la fageffe de prendre pour fa
fucceffion des arrangemens fort juftes:
il appella Édouard au Trône , & après
lui, Anne & Elifabeth , quoiqu'il les
eût fait déclarer autrefois bâtardes par
le Parlement, & incapables de fuccéder
à la Couronne. L'idée qu'on fe forme
ordinairement de ce Prince eft fi fauffe
ou fi confufe , qu'il nous a paru néceffaire de finir par fon caractere l'hiftoire
que nous écrivons.

La nature lui avoit donné beaucoup
de pénétration , mais de cette pénétration qui fait plutôt la fortune des particuliers ; que la gloire d'un Souverain.
Son goût particulier & celui de fon fie-

cle le tournerent vers les sciences abf-
traites, & il perdit à l'étude de la fcho-
laftique un tems qui pouvoit être uti-
lement employé à approfondir les principes du gouvernement. Par un malheur, qui a prefque toujours des fuites
fâcheufes, il fut Théologien & enthou-
fiafte : L'amour de fes opinions le rendit d'abord controverfifte *, & enfin
tyran. Une confiance aveugle en fes
Miniftres , le réduifit à être durant la

* Tout le monde fait que Henri VIII. écrivit en 1521. contre Luther un Livre intitulé
Des fept Sacremens. Quoiqu'il y ait apparence que Wolfey, Gardiner & Morus ayent eu
beaucoup de part à la compofition de cet ouvrage, il valut au Monarque Anglois le titre
de *Défenfeur de la Foi.* Fuller dit à cette occafion dans fon Hiftoire de l'Eglife, que Patch
le fou de la Cour, voyant un jour le Prince
de bonne humeur, lui en avoit demandé la
raifon, & que le Prince lui avoit répondu que
c'étoit à caufe du titre de défenfeur de la foi,
fur quoi le fou lui répliqua : *Je t'en prie, mon
cher Henri, défendons - nous nous - mêmes, &
laiffons la foi fe défendre feule.* Fuller.

R iiij

moitié de fon regne le joüet de leurs paſſions ou la victime de leurs intérêts; l'autre partie fut employée à troubler le repos du Royaume, & à l'inonder de fang. L'opinion qu'il avoit que l'Angleterre étoit le *balancier* de l'Europe, l'empêcha de faire les efforts néceſſaires pour que cela fut ; & il fe vit forcé plus d'une fois à recevoir les impreſſions des Puiſſances qu'il auroit dû conduire par les fiennes. Comme fa politique n'étoit ordinairement ni favante ni fuivie, il formoit fouvent des entreprifes pernicieufes, ou abandonnoit celles qui avoient été fagement formées : on ne le trouvoit appliqué & ferme que dans les affaires qu'il regardoit comme perfonnelles. Ceux qui lui ont accordé des talens fupérieurs, en voyant l'afcendant qu'il avoit pris fur fes peuples, nous paroiſſent avoir confondu l'effet qui étoit frappant avec la caufe qui étoit cachée. Plus d'attention

leur auroit fait voir que la foumiſſion
des Sujets fut par un pur haſard le fruit
du ſyſtème de Religion que le dépit ſeul
avoit inſpiré au Monarque. Les Catholiques & les Luthériens convaincus
que le Prince ne pouvoit pas reſter
dans l'eſpece de milieu qu'il avoit pris
entr'eux, ſe déterminerent à une complaiſance aveugle, les uns pour le ramener à ſes premiers principes, & les
autres pour l'attirer à eux. On ne peut
nier que Henri n'ait connu les hommes, & qu'il ne les ait mis ſouvent à
leur place ; il lui manqua le talent de
s'en ſervir : ou il les négligeoit par caprice, ou il les abandonnoit par foibleſſe, ou il les humilioit par fierté &
pour faire tomber les ſoupçons qu'on
pouvoit avoir qu'il laiſſoit prendre trop
d'empire ſur lui à ſes favoris. Il donna
dans tous les écueils des Rois qui n'ont
ni Principes fixes ni probité : les loix
changeoient tous les jours ſous ſon re-

gne, & ce qui étoit plus affreux & plus
ordinaire encore, le Citoyen étoit jugé
par la volonté du Prince, & non par
l'autorité de la loi. Tous ceux qui l'ont
étudié avec quelque soin, n'ont vu en
lui qu'un ami foible, un allié inconf-
tant, un amant groffier, un mari jaloux, un pere barbare, un maître im-
périeux, un Roi cruel. * Quoiqu'en
montant fur le Trône il trouvât une
Nation entiere prévenue en fa faveur,

* Henri mécontent de François I. lui envoya pour Ambaffadeur un Evêque Anglois,
qu'il voulut charger de quelques difcours
fiers & menaçans. Ce Prélat qui fentit tout
le danger de fa commiffion, chercha à s'en
faire difpenfer. Ne craignez rien, lui dit le
Prince : fi le Roi de France vous faifoit mourir, je ferois abattre bien des têtes à quantité
de François qui font en ma puiffance. *Je le
crois*, répondit l'Evêque ; *mais de toutes ces
têtes, ajoûta-t-il en riant, il n'y en a pas une
qui vint fi bien fur mon corps que celle qui y eft.*
Sans cette agréable réponfe qui divertit le
Roi, l'Ambaffadeur auroit été obligé de fuivre, au péril de fa vie, des inftructions pleines d'orgueil & de fiel.

des tréfors immenfes, un Etat paifible, des voifins divifés, il ne fit rien pour le bonheur de fes Sujets, & fort peu pour fa gloire. Pour peindre Henri d'un trait, il fuffit de répéter ce qu'il dit à fa mort : *Qu'il n'avoit jamais refufé la vie d'un homme à fa haine, ni l'honneur d'une femme à fes defirs.*

HISTOIRE

DE LA CONJURATION
De Fiefque en 1546 & 1547.

DE tous les Etats qui partagent l'Europe, il n'y en a pas un feul qui ait éprouvé autant de révolutions que celui de Genes. Connu dans l'Hiſtoire, deux ſiécles avant Jeſus-Chriſt, il a ſucceſſivement obéi aux Romains, aux Goths, aux Lombards, à Charlemagne, & à ſes deſcendans en Italie. Libre par leur extinction de ſe donner des loix, il choiſit le Gouvernement populaire vers la fin du neuvieme ſiécle. L'enthouſiaſme de la liberté le rendit capable des plus grandes choſes ; & il parvint à concilier les avantages d'un commerce opulent avec l'éclat que donne la ſupériorité des armes. Malheureufement les efprits, échauffés d'abord par l'amour de la Patrie, ne le furent dans la fuite, que par la jaloufie & par l'ambition. Ces deux violentes paffions n'arrêtercnt pas feulement les progrès de la République ; elles la remplirent cent fois d'horreur , & l'af-fervirent en différens tems à dès Empereurs , aux Vifconti , au Marquis de Mont-ferat, aux Sforces & à la France. André Doria la délivra en 1528. du joug de cette derniere puiffance , & y établit l'ordre qui fubfifte encore aujourd'hui.

Par fes confeils & par fes foins, il fut fait un état des Familles nobles & Plébéïennes qui avoient fix maifons dans Genes, & il ne s'en trouva que vingt-huit. Les Adornes, & les Frego-fes dont la puiffance & les divifions cau-foient depuis fi long-tems les malheurs publics ne furent point compris dans le dénombrement, & on les agrégea à

ces Familles avec tout ce qu'il y avoit
de citoyens diftingués par leur naiſſance, par leurs biens, & par leurs ſervi-
ces. Il eut été dangéreux de n'y pas
admettre ceux qui avoient montré juſqu'alors un caractére faĉtieux & re-
muant : en les difperfant, on prévint
les complots, & on ſe ménagea l'eſpoir des fervices qu'ils pourroient
rendre lorfqu'ils auroient pris l'efprit
du nouveau Gouvernement. Les Loix
qui ordonnoient que le Doge feroit de
l'ordre du peuple & de la faĉtion Gi-
beline, & que les charges feroient
également partagées entre le Peuple
& la Nobleſſe, furent abrogées : la
puiſſance abfolue fut déférée aux vingt-
huit Familles qu'on avoit formées ; les
autres Citoyens furent exclus du Gouvernement.

Il fut réglé que dans cette multitude de Souverains, on en prendroit
tous les ans quatre cens pour former

le grand *Confeil* & *pour gouverner l'E-
u* ; que cent d'entr'eux compofe-
oient *le petit Confeil* qui auroit le dé-
partement de différentes affaires ; que
e petit Confeil choifiroit tous les ans
dans les vingt-huit Familles vingt-huit
Sujets , qui avec dix-huit autres Elec-
teurs qu'ils s'affocieroient eux mêmes ,
nommeroient quatre perfonnes au grand
Confeil, & que celui des quatre propo-
fés qui réuniroit le plus de fuffrages ,
feroit proclamé Doge. On donna à ce
premier Magiftrat de la République
pour fon Confeil particulier, huit Gouverneurs qui formerent avec lui ce
qu'on appelle *Seigneurie.* Cinq *Cen-
feurs fuprêmes* furent chargés d'examiner la conduite de tous ceux qui
fortiroient de place , & on les autorifa à les punir , s'ils trouvoient leur
adminiftration injufte ou vicieufe.

Ce plan de Gouvernement, le feul
peut-être qui pût convenir au caraclé-

re des Génois, & à la situation où ils
se trouvoient, les devoit rassurer naturellement contre les entreprises de Doria. Si ce grand Capitaine eût eu réellement les vûes que lui ont supposées
la plûpart des Historiens, ou il auroit
laissé son païs dans l'Anarchie, ou il y
auroit établi des Loix mauvaises, ou
il se seroit emparé de la dignité de
Doge, trois voyes qu'il lui étoit aisé
de prendre, & dont chacune devoit
presque nécessairement le rendre maître de la République. Avec un peu
d'attention, on démêle qu'il ne cherchoit ni à être Tyran ni à être Citoyen, & qu'il vouloit se venger seulement de la France qu'il avoit bien
servie & dont il étoit maltraité. Ce
projet qui étoit connu de tout le monde, & celui de maintenir la révolution,
l'autorisoient, sans qu'on en prit ombrage, à se charger, comme il fit du
commandement des galéres de Charles-
Quint

Quint. Il est vrai que ce moyen avoit quelque chose d'équivoque, & qu'il pouvoit servir à opprimer la liberté publique aussi bien qu'à la defendre; mais l'ordre que Doria avoit dabord établi dans l'Etat, étoit une preuve de modération, que ce qu'il avoit laissé voir d'ambition ne devoit guéres affoiblir, & que sa conduite fortifioit extrêmement. Content de l'empire que lui donnoient sur les esprits & sur les cœurs les grandes choses qu'il avoit faites, il paroissoit préférer de bonne foi la tranquillité de la vie privée à l'embaras des grandes places, & se livrer aux affaires plûtot par zéle que par goût. Il y a apparence que des dehors aussi imposans auroient trouvé une confiance entiere, sans la présomption & les hauteurs d'un parent éloigné qu'il avoit adopté pour fils.

Ce jeune homme se nommoit Jeannetin Doria. Arraché par une main

puissante à des travaux obscurs auxquels les malheurs de ses peres avoient
condamné ses premieres années , il ne
se trouva pas d'un caractére assez élevé
pour soutenir le changement qui arri-
voit dans sa fortune. Dans l'espece
d'yvresse où le jetta un événement que
personne n'avoit prévû , & que rien
n'avoit préparé , il pensa qu'il y auroit de la dignité à traiter le Peuple
avec mépris & la Noblesse avec fierté : cette idée le conduisit à exiger
des déférences qui approchoient de la
soumission , à vouloir que ses volontés
& ses opinions prévaluffent toûjours,
& à prendre des manieres plus convenables au Souverain d'une grande
Monarchie qu'à un citoyen d'un état
libre. Son pere qui auroit pû réprimer
un orgüeil si révoltant , qui du moins
devoit le tenter , restoit dans une inaction qui pouvoit avoir plusieurs principes : les uns l'attribuoient à un aveu-

glement de tendreſſe , & les autres à la foibleſſe de l'âge : ceux qui paſſoient pour les plus éclairés ſoupçonnoient Doria de voir , peut-être ſans en douter , avec complaiſance une eſpéce de tyrannie qui étoit une ſuite & une preuve du reſpeᴄt qu'on avoit poûr lui. Quoiqu'il en ſoit de ces conjeᴄtures , les prétentions & les manieres de Jeannetin révolterent tout ce qui avoit de l'élévation dans l'ame , & ſinguliérement Jean-Louis de Fieſque Comte de Lavagna.

Ce jeune Seigneur, l'homme le plus riche de la République , & celui qui portoit un plus beau nom , avoit une taille avantageuſe , la démarche noble & aiſée , le regard vif , le teint éclatant. Il montoit bien à cheval , réuſſiſſoit dans tous les exercices du corps, parloit éloquemment , & mettoit de la grace à tout ce qu'il faiſoit. Son air étoit toûjours ſerein , ſes maniéres toû-

jours enjoüées, son humeur toûjours
égale. Il étoit magnifique jusqu'à la
profusion, & si bienfaisant, qu'il pré-
féroit à tous les autres avantages, celui de pouvoir donner. Quoiqu'il
eut une politesse qui avoit l'air d'être
trop générale, il s'en étoit fait une
particuliere pour les gens de mérite
& de qualité qui les flattoit sans offenser les autres. Son aversion pour
toute sorte d'engagement l'empêchoit
quelquefois de donner, même à propos, sa parole; mais il la gardoit avec
une exactitude que les gens peu délicats
trouvoient embarassante, & les ames
grandes, héroïque. La passion qu'il avoit
de plaire indifféremment à tout le monde lui donnoit un air de popularité
qui auroit été loüable sous un Monarque, & qui étoit peut-être un vice
dans un Gouvernement libre. On ne
peut pas être plus séduisant qu'il l'é-
toit : avec un grand nombre de qualités

brillantes, il avoit l'apparence de plufieurs vertus. L'inquiétude qui le
pouffoit aux grandes places venoit
du defir qu'il avoit de faire de grandes
chofes : l'ambition ne lui étoit infpirée
que par la gloire. Une erreur qui
étoit plutôt un malheur de fon âge
qu'un défaut de fon efprit, lui fit
confondre la célébrité avec une réputation fondée : il alla jufqu'à croire
qu'il lui fuffiroit d'occuper de lui fes
contemporains , pour laiffer un grand
nom à la poftérité. Tous ceux qui
l'avoient étudié & qui fe conoiffoient
en hommes, lui trouvoient à vingt-deux
ans une politique très-rafinée & une
diffimulation impénétrable : il leur
paroiffoit né pour affervir fa Patrie ou
pour l'illuftrer.

Fiefque avec le caractere qu'on
vient de tracer , ne pouvoit pas manquer d'être mécontent de la fituation
où fe trouvoit la République. Il la

voyoit fous l'Empire des Doria, & rien ne faifoit efpérer qu'elle en dût fortir. Les arrangemens paroiffoient fi bien pris, pour que l'autorité paffât dans la main du fils à la mort du pere , qu'il y auroit eu plus que de l'imprudence à les traverfer. Les mœurs de Jeannetin pouvoient , il eft vrai , faire foupçonner que les Peuples fe laffcroient tôt ou tard d'un ufurpateur fans réputation & fans génie ; mais il devoit trouver , felon les apparences , dans le commandement des galéres de Charles-Quint , dont on lui avoit accordé la furvivance, de quoi foutenir fes hauteurs & étouffer les murmures. Ses premieres démarches & les fentimens qu'on lui connoiffoit faifoient craindre aux plus éclairés qu'il n'employât, pour affurer fon crédit, un autre moyen plus bas & auffi odieux : ils penfoient que jaloux & défiant comme il étoit, il écarteroit avec foin des grandes places, tous ceux que leur naiſſance y appelleroit, ou que leurs talens en rendroient dignes. Le chemin des honneurs paroiſſoit déſormais fermé pour tout ce qui n'auroit pas un cœur vil, ou l'eſprit borné.

La vue d'un tel avenir découragea les foibles, mortifia les Citoyens, & irrita Fieſque. Il lui parut également indigne de lui de vivre dans l'obſcurité ou d'en ſortir par la faveur d'un homme qu'il mépriſoit. Les intérêts de ſon ambition & de ſon orgüeil firent de fortes impreſſions ſur ſon ame, & le déterminerent à tout haſarder pour ſe garantir de l'oubli & de l'oppreſſion. Entre pluſieurs moyens que lui préſenta une imagination forte & impétueuſe, celui de faire périr les Doria fut le ſeul qui lui parut infaillible, & il s'y arrêta avec beaucoup de ſang-froid & de fermeté. La néceſſité de changer la forme du Gouvernement, pour ſoutenir une

démarche auffi hardie ne l'effraya pas,
& fut peut-être fans qu'il s'en doutât
un motif de plus : il devoit paroître
doux à un homme de fon caractere
d'abbatre d'un même coup fes ennemis, & de fe placer à la tête d'un état
affez puiffant. La révolution devoit être
l'ouvrage du génie feul : pour la maintenir, la force étoit néceffaire, & Fiefque qui le vit, penfa à fe ménager
l'appui de la France.

Cette Couronne qui n'étoit ni éclairée ni rebutée par les revers qu'elle
avoit éprouvés durant un demi fiécle
en Italie, confervoit le defir & l'efpérance de s'y rétablir. Elle rapportoit tout à cette chimére, à laquelle
la gloire ainfi que les intérêts les
plus effentiels de la Nation avoient
été fouvent facrifiés. Ces difpofitions
devoient fi naturellement la déterminer à appuyer des mouvemens favorables au but qu'elle fe propofoit,

qu'il parut suffifant de lui laiffer feulement entrevoir la confpiration , pour
l'y engager. Céfar Frégofe négocia
fur ce plan, & ne réuffit pas. Soit.
que la Cour de France ne crut pas
qu'il fut de fa dignité de fe lier à des
conjurés qu'on ne lui nommoit pas ,
foit qu'elle fe trouvât offenfée de l'air
de referve avec lequel on vouloit traiter, elle refufa de contracter aucun
engagement , & ne parut pas même
empreffée à fuivre les ouvertures qui
lui avoient été faites. Les caufes de cette indifférence furent aifément démê-
lées,& on fit partir fans délai, avec d'autres inftructions un nouvel agent.Ce n'eft
pas que le premier fe fût mal conduit;
mais il avoit été trouvé généralement
défiant ou peu inftruit; & on ne crut pas
devoir continuer à fe fervir , dans une
conjoncture fi délicate, d'un Miniftre
qui n'infpireroit point de confiance , ou
qui n'obtiendroit aucune confidération.

Quoiqu'il en foit de cette précaution politique, les vûes qu'on n'a-
voit pas daigné examiner, lorfqu'elles n'avoient été propofées que confufé-
ment, n'eurent pas été plutôt déve-
loppées qu'elles firent des impreffions
profondes. Le double projet de dépouiller l'Empereur de l'influence qu'il avoit
comme Protecteur dans le Gouvernement de Genes, & de fe frayer le chemin à l'indépendance par la mort des
Doria, flatta la haine & l'ambition de
François premier. Ce Prince fe livra
à l'efpérance d'être bientôt vangé d'un
homme qui, après l'avoir bien fervi, lui
avoit fait beaucoup de mal, & de
triompher d'un rival qui n'ayant plus
les mêmes facilités pour porter des
fecours dans le Milanez, fe trouveroit
hors d'état de s'y maintenir. Ces deux
puiffans intérêts, le déterminerent
à accorder tout ce qu'on lui demandoit. Il fit efpérer qu'il renonceroit

immédiatement après la révolution en
faveur de Fiefque, à tous les droits
qu'il avoit fur Genes ; & il lui abandonna pour l'exécution de fes projets, la difpofition des Troupes Fran-
çoifes qui étoient dans le Piémont,
& des vaiffeaux & des galéres qui
étoient fur les côtes de Provence.

Cet appui, quelque grand qu'il fut,
ne parut pas fuffifant à Fiefque, dont
le courage réfléchi & éclairé ne
négligeoit pas les précautions. Inftruit
que les mêmes paffions qui lui avoient
rendu favorable la Cour de France,
regnoient à celle du Pape, il s'occupa
fortement du foin de les mettre en jeu.
L'expérience qu'il venoit de faire, que
les grandes affaires réuffiffent difficilement lorfqu'elles font maniées par des
Subalternes, le détermina à conduire
lui-même cette négociation. Heureufement il vivoit dans un païs, & fe trouvoit
dans des circonftances, où un voyage à

Rome ne pouvoit pas infpirer raifonnablement des foupçons. Le féjour qu'il y
fit fortifia plutôt qu'il n'affoiblit cette
fécurité par l'attention qu'il eut, au
milieu de fes projets de ne paroître occupé que de fes plaifirs , &
par l'art de cacher des deffeins profonds fous un air frivole.

Il eft vrai que tout étoit fi favorablement difpofé pour lui , que rien
ne le trahiffoit. Paul III. qui avoit
examiné le plan de la révolution qu'on
méditoit , l'approuvoit avec les plus
grandes éloges. Il entroit dans tous
les arrangemens en homme d'état , &
en preffoit l'exécution par tous les motifs de gloire , d'élévation , & de van-
geance , qui produifent communémen:
les événemens extraordinaires. L'efpérance d'être délivré d'André Doria,
dont il avoit fi fouvent éprouvé les
hauteurs , & auquel il avoit fait tant de
perfidies , & de voir la puiffance de

l'Empereur tomber en Italie ou ne s'y
soutenir que par le saint Siége, le
combloit de joye. Ces sentimens faisoient que Fiesque n'avoit pas besoin
pour réussir de recourir à des voyes
obscures & détournées, à des Ministres
d'une probité douteuse, ou à de petits
moyens, & que son secret étoit véritablement un secret.

Le Cardinal Trivulce, le seul
avec le Pape qui en fut instruit, ne
l'avoit pas même pénétré. Il avoit été
averti par la Cour de France, dont il
conduisoit les affaires, de ce qui se tramoit. La maniere dont il traita celle
dont nous parlons feroit plus que soupçonner qu'on étoit déja mécontent de
ce qui avoit été arrêté, & qu'il lui
étoit prescrit par ses instructions de
ne rien oublier pour faire prendre d'autres arrangemens. Cette conjecture
répand la lumiére sur la conduite d'un
Ministre habile, qui sans cela seroit

une énigme inexplicable. Avec cette
clef on voit pourquoi Trivulce qui auroit dû naturellement éblouir Fiefque
de la facilité de fon entreprife, lui exa-
geroit continuellement la difficulté de
la foutenir. Son but étoit fans doute
de le porter à rendre les François maîtres de Genes pour les faire concourir
efficacement à l'éxécution de fes projets. A cette condition le Roi Très-
Chrétien s'engageoit à lui donner le
commandement de fix Galeres, à entretenir deux cens hommes de garnifon
dans fa forterefle de Montobio, à le
faire Capitaine de cent hommes d'armes, & à lui payer une penfion de dix
mille écus.

Ces offres, quoiqu'accompagnées de
toutes les marques d'eftime qui pouvoient les faire paroître flatteufes, &
de toutes les proteftations d'attachement qui devoient les rendre agréables, ne fe trouverent pas du goût de

Fiefque. Il avoit fi fort compté que la France feroit l'inftrument de fon ambition, qu'il n'étoit gueres poffible qu'il confentit à n'être que l'inftrument de l'ambition de la France. Ce qui fe paffoit alors dans fon ame ne fe peignit point pourtant dans fes yeux, par le talent qu'il avoit de fe rendre impénétrable, & il ne parut qu'incertain, quoiqu'il fut offenfé. Trivulce qui penfoit que fon âge, fon expérience, & une profonde connoiffance des Etats & des affaires, devoient lui donner un grand afcendant fur un jeune homme qui n'avoit que du génie, fit tout ce qu'il put pour l'amener à convenir qu'il n'y avoit de parti raifonnable que celui qu'on lui propofoit. Tout ce manége fut inutile. Fiefque qui ne s'engageoit que lorfqu'il le vouloit, & qui ne vouloit pas s'engager alors, n'approuva, ni ne refuta rien : il fe contenta de dire qu'il feroit fes reflexions, & il reprit le chemin de Genes.

Son voyage fut inquiet & agité. Ce qui venoit de se passer entre Trivulce & lui, fit, comme cela devoit nécessairement arriver, de fortes impressions sur son esprit, & y jetta les semences d'une incertitude d'autant plus fatiguante qu'elle n'étoit pas dans son caractere. D'un côté, il lui paroissoit difficile de se passer du secours de la France, & déshonorant d'un autre d'en recevoir des loix. Lorsque sa haine étoit plus vive que son ambition, il penchoit, pour assûrer sa vengeance, à mettre, puisqu'il le falloit, sa Patrie sous un joug étranger ; & lorsque l'ambition l'emportoit sur la haine, il vouloit recueillir seul le fruit de son entreprise. Le choc de ces passions, dont les suites ordinaires sont le découragement ou la violence, réduisit le Comte de Fiesque à une espece de lassitude, que des expériences sans nombre doivent faire regarder comme la ruine de toutes les affaires qui

qui exigent de la célérité & de l'en-
toufiafme : il fut tiré de cet état d'inaction par un Agent de Trivulce.

Ce Cardinal qui avoit réfléchi fur la
conduite qu'il avoit tenue dans la négociation dont on l'avoit chargé, avoit
fenti lui-même le vice de fa politique.
Il s'étoit apperçu que par des propofi-
tions trop vifiblement intéreffées ; il
avoit révolté un cœur fier & élevé,
beaucoup plus fenfible à la gloire qu'à
la fortune. L'ordre qu'il pouvoit avoir
reçu de les faire, & qui auroit entierement raffuré un homme ordinaire ou un
Miniftre courtifan, ne le juftifioit pas
à fes propres yeux. Il penfoit qu'il auroit dû s'écarter du mauvais plan qui
lui avoit été tracé par une Cour trop
occupée de fes plaifirs pour l'être beaucoup de fes affaires, & qui vouloit moins
ce qui étoit bien que ce qu'elle croyoit
facile. Cette opinion qui ne peut pas
être dangereufe, parce qu'elle ne fera

jamais adoptée que par ceux qui auront autant de supériorité dans l'esprit que dans le cœur, le conduisit à vouloir réparer sa faute. Nicolas Foderato, Gentilhomme de Savone fort souple & fort délié, fut l'instrument destiné à l'exécution de ce dessein. Il fut envoyé à Fiesque son allié pour l'assûrer que la France contente de partager la gloire de délivrer la République de la tyrannie des Doria & des Espagnols, lui abandonnoit à lui seul tous les avantages qui devoient suivre naturellement un service si considérable. La commission fut remplie avec des apparences si naturelles de candeur & de bonne foi, qu'elles firent les impressions & inspirerent les sentimens qu'on en attendoit. Fiesque séduit par le desir de surpasser en générosité le plus grand Roi de l'Europe, offrit de lui-même ce qu'il avoit été révolté qu'on lui demandât; & il signa dans la premiere

chaleur de cette difpofition un engagement tel que Trivulce lui-même l'auroit dicté.

L'illufion devoit être & fut en effet
fort courte. A peine Federato étoit
parti pour aller porter à Rome la nouvelle du fuccès qu'il venoit d'avoir à
Genes, qu'il fut rappellé. Fiefque qui
s'étoit déja apperçu de la précipitation
avec laquelle il avoit pris une réfolution décifive pour lui & pour fa Patrie,
cherchoit à prévenir, puifqu'il en étoit
encore tems, les fuites de fon imprudence. Dans cette vûe, il fe fit rendre
fes dépêches, & voulut avant que d'en
faire d'autres confulter enfemble fur fon
entreprife, & fur les moyens de l'exécuter, les trois Membres de la République fûr lefquels il pouvoit le plus
fûrement compter, Vincent Calcagno,
Jean - Baptifte Verrina, & Raphael
Sacco.

Calcagno dit le premier fon avis.

C'étoit un homme d'un certain âge ;
attaché fans intérêt de tout tems à la
maifon de Fiefque, & qui avoit une
efpece de paffion pour le jeune Comte.
Comme il avoit le fens droit, les grandes entreprifes commençoient par lui
être toûjours fufpectes. Il étoit d'ailleurs né timide, & les réflexions ou
l'expérience qui changent quelquefois
les caracteres, l'avoient affermi dans
le fien. Tout ce qui avoit l'air trop
élevé lui paroiffoit chimérique, & il
regardoit comme imprudent tout ce
qu'on abandonnoit au hafard. Son imagination étoit plus aifément étonnée
que fon cœur ; & il étoit ferme jufques
dans les périls qu'il avoit prévus, &
qu'il avoit craints. L'ame de Calcagno
fe peignit toute entiere dans le difcours
qu'il tint.

Après quelques réflexions fur le
crime, le danger, & les fuites des conf-
pirations en général, il repréfenta à

Fiefque, que celle qu'il projettoit ne pouvoit pas avoir une iffue favorable, & que les Génois qui avoient fi facile-ment, fi honteufement fubi le joug des Doria, étoient incapables des efforts néceffaires pour le fecouer : qu'il ne fuffifoit pas que l'exécution de fon deffein lui parut poffible ; qu'il falloit encore qu'elle fut jugée facile par ceux qu'on prétendoit y engager, & qui n'y étant entraînés ni par de grands intérêts ni par des paffions violentes, ne feroient ni aveuglés fur les difficultés, ni encouragés à les furmonter : que tous ceux qui avoient du mérite ou des prétentions étoient enchaînés par des bien-faits ou féduits par des promeffes, & qu'on pouvoit tout au plus efpérer de gagner quelques hommes ruinés & flétris qui déshonorent plus un parti par le mépris où ils font tombés, qu'ils ne le fervent par leur défefpoir : que fon âge plus propre aux actions de vigueur qu'à celles de prudence, deviendroit insensiblement pour ses partisans une raison de se détacher de lui, & serviroit de prétexte à ses ennemis pour le décrier : qu'il se trompoit s'il espéroit que son entreprise seroit jugée favorablement, & qu'elle auroit le sort de toutes les actions équivoques qui étoient toûjours envisagées du mauvais côté : qu'une résolution aussi désespérée que celle qu'il étoit sur le point de prendre étoit incompréhensible dans la situation brillante, sûre & heureuse où il se trouvoit, & ne pouvoit être pardonnée qu'à des gens dont la fortune seroit renversée, la réputation équivoque, & la vie en péril : qu'il ne se conduiroit pas autrement quand il prendroit des conseils de ceux dont l'élévation le révoltoit, & qu'il travailloit pour eux en leur fournissant les moyens de le faire passer pour un homme vain, imprudent & dangereux ; que l'humiliation des Do-

ria feroit plus fûrement l'ouvrage du
tems que d'aucune intrigue, & que la
mort d'André qui ne pouvoit pas être
éloignée entraîneroit néceſſairement la
perte de Jeannetin dont la conduite &
le caractere ne pouvoient jamais inſpirer ni reſpect ni confiance : que la révolution ne pouvoit pas ſe faire ou ſe
ſoutenir avec les forces des mécontens ;
& que la France, la ſeule Puiſſance
étrangere qui eût intérêt à la faire
réuſſir, étoit trop vivement preſſée par
ſes ennemis pour l'appuyer : que quand
il ne feroit pas arrêté par toutes ces conſidérations, il devroit être retenu par
la vûe du ſang de ſes Citoyens qu'il
alloit répandre, de l'Etat qu'il renver-
feroit peut-être, & de la deſtinée qui
l'attendoit dans une Ville où il feroit
regardé comme un tyran par ceux même qui auroient le plus vivement ſervi
ſa jalouſie, ſon ambition, & ſa vengeance.

T iiij

Ces raisonnemens preſſans par eux-mêmes, recevoient une nouvelle force de la ſageſſe de celui qui les faiſoit, & de la déférence qu'avoit pour ſes conſeils celui auquel ils s'adreſſoient. L'impreſſion qu'ils firent ſur Fieſque fut ſi ſenſible qu'elle allarma vivement Verrina dont les vûes étoient traverſées par cette diſpoſition.

Verrina étoit né brave, impétueux, éloquent; il avoit l'eſprit vaſte; mais déréglé; le cœur élevé, mais corrompu. Son penchant l'entraînoit au crime, & le mauvais état de ſes affaires le lui rendoit preſque indiſpenſable. Une imagination vive & forte lui préſentoit ſans ceſſe des projets ſinguliers & hardis dont il n'examinoit jamais ni la juſtice, ni les reſſorts, & dont il prévoyoit rarement les ſuites. Il étoit ennemi de tout repos, du ſien par inquiétude, de celui des autres par ambition. Le Gouvernement établi dans

fa Patrie lui déplaifoit, précifément
parce qu'il y étoit établi ; & tous ceux
qui entreprendroient de le changer é-
toient fûrs de trouver en lui des confeils dangereux & des fervices utiles.
Ce caractere l'avoit rendu cher à Fiefque dont il régloit les plaifirs, parta-
geoit la fortune, & dirigeoit en quelque maniere les paffions. Il crut poffible, avec ces avantages, de refuter
Calcagno, & il le fit à-peu-près en ces
termes, qu'il adreffa au jeune Comte :

« Ce que vous venez d'entendre fur
»les maux qui nous accablent eft plu-
»tôt affoibli qu'exagéré. Nous avons
»encore plus à craindre ; & n'avons
»rien à efpérer. Le peuple eft généra-
»ralement abatu par une crainte lâche,
»& la nobleffe liée par un intérêt for-
»dide. Il ne refte à la République
»qu'une ombre de liberté ; & fans fe
»livrer à des terreurs vaines, on ne
»peut pas s'empêcher de voir que cette

» ombre même va s'évanouir. Les Ty-
» rans ne se sont pas emparés de toutes
» les forces de l'Etat ; ils n'ont pas sub-
» jugué les esprits & réduit les Ci-
» toyens en les remplissant de soupçons
» à l'impossibilité de vivre sous un Gou-
» vernement libre , pour se contenter
» d'une autorité bornée que le caprice
» de la multitude ou les intrigues de
» quelques hommes hardis leur pourroit
» ravir. Leur ambition les fait sûrement
» aspirer au Trône , & leur fortune les
» y conduira. Vous seul , ô Fiesque !
» vous pouvez écarter un si grand mal-
» heur. Une naissance illustre , des ri-
» chesses proportionnées à l'éclat d'un
» grand nom, un courage au-dessus des
» évenemens , des lumieres qui percent
» dans un avenir reculé , une élévation
» que la bassesse commune augmente ,
» des amis disposés à tout sacrifier, une
» réputation égale à vos talens & à vos
» vertus : voilà ce qui vous autorise,

»du moins à l'entreprendre. Ne foyez
»point arrêté par la confidération de
»votre jeuneffe. Loin d'être un obfta-
»cle, elle deviendra un fecours dans
»une entreprife qui exige plutôt de
»l'impétuofité que les froides reflexions
»d'une prudence lente. Puifque Genes
»ne peut plus fe paffer de maître, épar-
»gnez-lui la honte d'obéir à qui n'eft
»pas digne de lui commander. Que la
»crainte de paffer pour un factieux ou
»pour un rebelle, ne vous empêche
»pas de vous faifir du pouvoir fuprê-
»me; ces fantômes d'infâmie formés
»par le préjugé pour enchaîner des
»ames communes, font diffipés dans
»des évenemens éclatans par des fuccès
»heureux. La modération, le plus grand
»mérite de quelques conditions, eft
»une foibleffe dans la vôtre; & fi c'eft
»un crime aux yeux du vulgaire d'u-
»furper une Couronne, il eft fi illuftre
»à ceux des Nations, qu'il eft honoré

»comme une vertu. Vos principes,
»quand ils se trouveroient en contra-
»diction avec ces maximes, ne de-
»vroient pas vous arrêter. Essayez toû-
»jours le diadème : s'il vous donne des
»remords ou des inquiétudes, vous
»rendrez par générosité ou par lassitu-
»de la liberté à un peuple que vous au-
»rez tiré des fers. En vain voudriez-
»vous penser qu'il est possible d'ima-
»giner encore des tempéramens : tel
»est votre bonheur que les partis extrê-
»mes sont devenus nécessaires, & que
»le bien public, ainsi que votre sûreté
»particuliere exigent que vous régniez.
»Jamais sans cette révolution vous ne
»coulerez des jours tranquilles. La
»haine & la jalousie qu'on a contre
»vous sont trop fortes pour rester plus
»long-tems oisives. Bornées jusqu'ici
»à votre humiliation, elles tendroient,
»n'en doutez pas, à votre ruine. L'i-
»naction & l'obscurité auxquelles vous

»pourriez vous condamner pour diffi-
»per les foupçons, ou pour ramener le
»cœur des ufurpateurs leur paroîtroient
»toûjours des piéges. Ils ne pourroient
»pas fe perfuader que le Comte de Fief-
»que fut fans ambition ; & jugeant de
»ce que vous feriez par ce que vous
»devez être, ils voudroient affûrer leur
»falut & leur grandeur par votre per-
»te. Un danger fi preffant doit enfin
»terminer vos irréfolutions. Que Jan-
»netin, l'orgueilleux, le perfide, l'em-
»porté Jannetin tombe dans le préci-
»pice qu'il a creufé pour vous : qu'il y
»entraîne l'auteur de fon élévation &
»de nos malheurs, fon dangereux pere.
»Que leurs Efclaves, tous ceux dont
»ils ont féduit l'efprit ou corrompu le
»cœur, & qui pourroient les venger,
»périffent avec éux. Ils vivent dans
»une fi grande fécurité qu'il fuffit des
»moindres efforts pour les accabler.
»Ofez vouloir être le maître, & avec

» le secours seul de vos amis vous le
» ferez. »

Raphael Sacco, Juge des terres de
la Maison de Fiesque, qui étudioit pendant ce discours le visage du jeune
Comte, y lut avec chagrin des résolutions violentes. Comme il n'avoit ni
le courage de les combattre, ni assez
d'autorité pour les faire changer; il se
borna à parler des précautions qu'il
convenoit de prendre. Son caractere
lui faisoit voir tant de difficulté à faire
la révolution, & tant d'impossibilité
à la soutenir sans alliés, qu'il insista
vivement pour qu'on acceptât les offres
de la France. Cette opinion qui avoit
pour le moins quelque chose de fort
imposant ne persuada pas Verrina. Il
soutint qu'on feroit généralement révolté dans Genes de toute intelligence
avec les Etrangers, avec les François
surtout dont les imprudences avoient
causé tant de maux à la République:

que la jaloufie de François Premier &
de Charles-Quint feroit le plus fûr appui du Gouvernement qu'on alloit former ; & qu'il paroiffoit prefque également inutile de briguer l'amitié de
l'un , & de prendre des précautions
contre les efforts de l'autre : qu'il ne
convenoit ni à la tranquillité ni à la
dignité de l'Etat, que celui qui en feroit le chef, fut moins l'allié que l'efclave d'une autre Puiffance : qu'on
avoit enfin plus de forces qu'il n'en
falloit pour détruire environ deux cens
foldats qui gardoient la Ville, & pour
s'emparer de quelques Galeres qui dé-
fendoient le Port. Ces raifonnemens
étoient peut-être moins folides que bril-
lans ; mais ils flattoient l'ambition, l'orgueil, la préfomption de Fiefque, &
ils déciderent du parti qu'on alloit
prendre. Foderato fut renvoyé à Trivulce avec de ces promeffes vagues &
équivoques, qui décrieroient un par-

ticulier , & qui font quelquefois la réputation d'un homme d'Etat. La hauteur de ce procédé & la hardieſſe d'u-
ne réſolution ſi extraordinaire n'arrêterent pas : il parut poſſible , aiſé peut-
être de juſtifier l'un & l'autre par des
ſuccès , & on s'y prit de la maniere que
nous l'allons dire.

Le chef de la conjuration borna d'a-
bord ſon attention à ne ſe pas laiſſer
pénétrer, & il ſe rendit en effet impénétrable. Sa conduite avoit quelque
choſe de ſi naturel & de ſi aiſé , qu'il
n'étoit pas poſſible d'y ſoupçonner le
moindre myſtere. Quoiqu'il ne perdit
pas ſon projet un inſtant de vûe, il ſça-
voit paroître livré à toute la diſſipation des gens de ſon âge & de ſa naiſſance. Il avoit l'air de ſuivre ſes goûts
en tout, lors même qu'il ne conſultoit
que ſes intérêts, & on le croyoit paſ-
ſionné pour la vie privée dans le tems
qu'il travailloit à ſe faire Souverain.
Libre

Libre sous le poids important & difficile qu'il portoit, il suivoit ses vûes
sans lenteur ni empressement, & il n'en
retarda jamais le dénoûment par ses
incertitudes, ni ne le hâta par son impatience. Ses actions, sans avoir un
air de sistême, se rapportoient toutes à
son but : il ne perdoit pas une démarche, un mot, un regard.

André Doria, malgré la profonde
connoissance qu'il avoit des hommes,
se laissa imposer par ces apparences.
Soit qu'il fut séduit par les marques
d'admiration que Fiesque lui donnoit
sans cesse, ou qu'il n'eut simplement
que cette confiance ordinaire aux vieil-
lards qui ont fait de grandes choses, il
ne lui tomba pas dans l'esprit que sa
vie ou sa fortune fussent en péril. Peut-
être aussi que la pénétration ne lui suf-
fisoit pas pour deviner une conjuration
si peu vraisemblable, & qu'il auroit
fallu pour le mettre sur la voie d'heu-

reux hafards qui n'étoient pas encore
arrivés, ou un caractere défiant qu'il
n'avoit jamais eu. Jannetin, avec moins
de lumieres pour voir ce qui fe paffoit,
avoit le cœur affez corrompu pour le
deviner, fi on n'eut été au-devant de
fes foupçons. Fiefque les prévint en lui
prodiguant de ces faux témoignages
d'eftime & d'attachement que la politique a toûjours voulu juftifier contre
la morale : l'habitude qu'il avoit contractée de facrifier fes répugnances à fes
intérêts le rendit capable de ce grand
effort. Un autre moyen moins en ufage, & par-là plus fûr, lui fervit encore
beaucoup à aveugler fes ennemis : il
ouvrit indiftinctement fon Palais à toute la Nobleffe qui y trouvoit du goût,
de la politeffe, de la profufion, & de
la magnificence, fans liaifon intime ni
attachement particulier. En recevant
ainfi tout le monde, il évita les raifonnemens qu'auroit occafionnés une vie

plus retirée ; & en ne montrant de prédilection pour personne, il empêcha qu'on n'imaginât qu'il penſoit à former un parti. Il eſt vrai qu'il ſe privoit, par cette conduite, du ſecours des Membres les plus diſtingués de l'état ; mais tant de raiſons devoient leur faire craindre le pouvoir d'un ſeul, qu'il n'eut pas été prudent d'eſpérer qu'on les ameneroit un jour à le procurer

Les négocians, cette précieuſe portion de Citoyens ſi honorée dans le Gouvernement populaire, ſi opprimée dans le deſpotique, ſi négligée dans le Monarchique, & ſi mépriſée dans l'ariſtocratique, avoient d'autres paſſions & d'autres intérêts. Ils ſouffroient avec tant dimpatience le tyrannique orgueil des Nobles & la perte de la liberté dont ils jouiſſoient avant la derniere révolution, qu'ils devoient plutôt ſouhaiter que craindre un mouvement vif & rapide dans l'état. Ces difpofitions n'échappèrent pas à Fiefque, & il les cultiva avec beaucoup de foin & de fuccès. Un ton de compaffion qui n'avoit rien d'infultant, parce qu'il avoit l'air du fentiment, lui fervit à augmenter l'horreur que les mécontens avoient de leur fituation ; & il réuffit par des réflexions moins vagues qu'elles ne le paroiffoient, à leur faire entrevoir la poffibilité de la changer. Par cette politique il les difpofa, fans qu'ils s'en apperçuffent, à entrer dans fes projets, lorfqu'il jugeroit à propos de les exécuter ; & il s'affuroit en même tems du Peuple qui fuit aveuglement le mouvement qui lui eft communiqué par ceux qui le font travailler ou qui le font vivre.

Un homme ordinaire fe feroit contenté de tenir à la multitude par les négocians ; & peut-être cela auroit-il

suffi, s'il n'eût été question que de
changer la forme du Gouvernement.
Il falloit à Fiesque, qui avoit des vûes
particulieres, des complices qui tinf-
fent plus à sa personne qu'à son parti ;
& il employa, pour s'en procurer, des
moyens qui sont toûjours infaillibles
entre les mains des gens habiles. Il
obtint l'admiration du Peuple par un
extérieur brillant, sa confiance par
des manieres ouvertes & polies, &
son affection par des bienfaits. Le hasard qui vient presque toûjours au secours de ceux qui en sçavent profiter, & qui est peut-être une des ref-
sources sur lesquelles on doit le plus
compter dans les grandes entreprises,
lui fournit une occasion très précieuse, de rendre, sans devenir suspect,
plus vifs & plus étendus tous les
sentimens qu'il avoit inspirés. Les
Ouvriers en soye, qui formoient dans
Genes un corps très - nombreux, se

trouvoient dans l'indigence par une
suite de contre-tems qui depuis long-
tems faifoient languir leur commerce.
Fiefque leur prodigua à tous des fecours ; & ce qui les toucha peut-être
davantage , ils les reçurent de fes propres mains , & accompagnés d'une
bonté marquée. On avoit pris des
mefures fi fages , pour que fes largeffes ne fuffent ni trop éclatantes ni
trop cachées , que les Doria n'en furent ni jaloux ni allarmés , & que
le Peuple en fut féduit & gagné.

Ces difpofitions étoient néceffaires
au fuccès de la conjuration ; mais
elles ne fuffifoient pas pour la faire
réuffir. Il falloit des foldats dont la
valeur & la difcipline affermiffent ou
reglaffent le courage des Bourgeois
& Fiefque , fe rendit dans fes terres
pour en former. Cette démarche qui
devoit naturellement beaucoup allarmer les gens clairvoyans , fut regardée

comme une action de Citoyen dans une circonstance qui fut bien saisie & bien présentée. Le Duc de Parme & de Plaisance, Pierre-Louis Farnése voyoit avec chagrin que presque tout son domaine avoit été aliéné à vil prix; & il pensoit à y rentrer. Les Pallavicins qui en étoient en possession étoient résolus à tout hasarder pour le conserver. Comme l'un pouvoit compter sur l'appui du Pape Paul troisiéme son pere à qui il devoit son élévation, & que les autres étoient ouvertement protégés par l'Empereur, on paroissoit déterminé des deux cotés à soutenir ses prétentions par la voye des armes. L'incendie pouvoit si aisément s'étendre & se communiquer au territoire de Genes, qu'il parut heureux même aux Doria, que quelqu'un qui avoit des possessions fort considérables sur la frontiere, voulut bien faire les efforts & les dépenses nécessaires pour l'arrêter. Cette sécurité donna le tems à Fiesque de rendre deux mille de ses vassaux capables de concourir efficacement à l'exécution de ses projets, & la facilté de conclure un Traité qui devoit la rendre plus facile.

Sa pénétration lui avoit fait découvrir d'abord dans Farnése un fonds d'inquiétude qui pouvoit être également un vice de son caractere, ou une suite de sa situation. En examinant ensuite les choses de plus près, il avoit démêlé, que ce Prince craignoit d'être dépouillé, à la mort du Pape, de ses Etats qui étoient un démembrement du Milanez. Comme il n'étoit guéres possible de prévenir cet événement, sans affoiblir les Espagnols en Italie, Fiesque crut pouvoir hasarder la confidence de ses vûes dont le succès conduiroit nécessairement à ce but. Le Duc de Parme goûta l'idée qu'on lui propofoit. Une révolution à Genes lui parut un moyen infaillible , pour arrêter l'ambition d'un ennemi redoutable , & pour le chaffer peut-être de la Lombardie. Dans cette efpérance, il s'engagea à fournir un fecours de deux mille hommes , lorfque le tems de s'en fervir feroit arrivé.

Soit que le Gouverneur de Milan , Ferrand Gonzague foupçonnât le myftére de cette négociation , ou qu'il eut feulement des notions vagues de ce qui s'étoit paffé à Rome & en France, il avertit André Doria de tout ce qu'il fçavoit. L'indifférence qu'on montra pour fes premiers avis le chagrina fans le rebuter;& il en donna bientôt de nouveaux, fondés fur des conjectures moins incertaines, & accompagnés de raifonnemens plus vifs & plus preffans. Ce zéle & ces allarmes d'un Miniftre éclairé & ferme auroient dû ouvrir

naturellement les yeux fur les préci-
pices qui s'ouvroient de toutes parts;
le retour de Fiefque à Genes raffura
contre des craintes qu'on avoit beaucoup de penchant à croire imaginai-
res, & mit le comble à l'aveuglement.
Il flatta André avec tant d'adreffe,
& marqua tant de goût pour Jeannetin:
on lui trouvoit une tranquillité fi
vraye dans l'efprit, & une fi grande
liberté dans les manieres, que fa préfence feule fit tomber toutes les accu-
fations. La fécurité fut pouffée fi loin,
qu'on vit arriver dans ces circonftances, fans en concevoir le moindre ombrage, une des quatre galéres que
tout le monde fçavoit lui appartenir,
& que fon frere Jerôme commandoit
au fervice du Pape. Le but réel étoit
de s'en fervir, pour fe rendre maître du port, & l'apparent de l'armer en courfe contre les Turcs. Il
entra dans la ville fous ce prétexte

un grand nombre des Soldats de Farnese & des Vaſſaux de Fiefque qu'on fit paſſer pour des avanturiers deſtinés à former l'équipage dont on avoit beſoin. Ce ſecours, quelques Soldats de la Garniſon qui s'étoient laiſſés corrompre, & environ dix mille habitans très-déterminés, dont Calcagno, Verrina & Sacco s'étoient aſſurés ſans ſe découvrir, paroiſſant ſuffire à la révolution qu'on méditoit, les Conjurés s'aſſemblerent pour prendre une derniere réſolution.

La mort des Doria & de leurs partiſans les plus affectionnés, fut d'abord unanimement réſolue; mais on ne fut pas ſi aiſément d'accord ſur la maniere de la procurer. Verrina vouloit qu'on ſaiſit la conjoncture d'une premiere Meſſe qu'un Eccléſiaſtique de qualité devoit célébrer dans peu, & à laquelle André & Jeannetin devoient aſſiſter avec leurs amis : il

trouvoit dans cette démarche tout ce
qu'il croyoit qu'on y devoit chercher,
la célérité, la facilité & la sureté.
Fiefque qui aimoit la décence jufques
dans le crime, fut révolté d'une idée
qui lui paroiffoit offenfer la Religion ;
& il ne voulut devoir ni fa vengeance
ni fon élévation à un facrilége.

Cette délicateffe fit imaginer un
autre expédient, qui avoit peut-être
quelque chofe de moins odieux, &
qui étoit certainement plus criminel.
Fiefque devoit donner à la principale
Nobleffe de la République, une fête,
pour le mariage de Jules Cibo fon
beau-frere, avec une fœur de Jeannetin. Verrina lui propofa d'égorger
d'un feul coup tous les convives, &
de s'emparer fur le champ de l'autorité. Quelques Hiftoriens prétendent que ce projet n'eut pas lieu,
parce qu'il n'étoit pas poffible d'en-
velopper dans le maffacre général

Jeannetin qu'une affaire indifpenfable
fit fortir ce jour là de Genes : le
plus grand nombre a écrit que Fiefque avoit montré une répugnance invincible pour une trahifon qui blef-
foit les Loix de l'honneur, & qui
finiroit toujours par être regardée comme un affaffinat. Ce plan fut fuivi
de quelques autres que des difcuflions
fort fages firent rejetter. On s'arrêta
enfin à celui qui va être développé ;
& on choifit, pour l'exécuter, la
nuit du premier au fecond Janvier
de l'an 1547. L'époque étoit adroi-
tement fixée. Comme le Doge qui
fortoit de place le premier du mois
ne pouvoit être remplacé que le quatre, la République devoit fe trouver
dans une efpece d'Anarchie, dont il
étoit poffible de tirer parti.

Le jour arrêté pour la révolution
commençoit à peine à luire, que Fiefque plaça aux portes de fon palais des

gens de confiance qui avoient ordre d'y laisser entrer tout ce qui se présenteroit, & défense d'en laisser sortir personne. Ses confidens y réunirent après cette précaution, les Soldats & les Citoyens dont ils s'étoient assûrés, & y firent secretement apporter des armes. Pour lui, après avoir reconnu de nouveau tous les postes dont il lui étoit important de se rendre maître, & réfléchi encore une fois sur les moyens qu'il avoit imaginés pour s'en emparer, il se rendit sur le soir chez les Doria. Jeannetin aveuglé, comme tous les gens fiers, par des déférences, approuva qu'il fit partir dans la nuit la Galere qu'il feignoit d'envoyer en course, & il se chargea d'y faire consentir son pere, s'il venoit à être instruit de la chose avant qu'elle fut faite, ou de la lui faire agréer après l'évenement. La suite fit voir que ces précautions étoient sages & même indispensables. Il n'y

avoit qu'une heure qu'on les avoit prises, lorsque quelques Officiers inquiets
des mouvemens extraordinaires qui se
faisoient de toutes parts, & frappés d'un
bruit sourd qui précede toûjours les
grands orages, avertirent de ce qu'ils
avoient vû, & de ce qu'ils soupçon-
noient. Leurs allarmes auroient éclairé
sans doute André, si son fils ne lui en
eut imposé par l'ascendant qu'il avoit
sur lui, & par la confidence qu'il lui
fit de ce qui se passoit : il ajoûta qu'on
ne lui en avoit fait un mystere que dans
la crainte qu'il ne désapprouvât, comme Amiral de l'Empereur, un arme-
ment qu'il pouvoit croire propre à rompre la treve que ce Prince avoit eu tant
de peine à conclure avec les Turcs.
Cette délicatesse gagna un esprit qui
avoit beaucoup perdu de sa force, &
le détermina à consentir à une entreprise qu'il restoit le maître de désavouer
si les circonstances l'exigeoient.

Tandis que ces choses se passoient au Palais Doria, Fiesque se rendoit dans la maison de Thomas Assereto son partisan zélé. Il y trouva, comme il s'y attendoit, trente des plus considérables Bourgeois de Genes que Verrina y avoit attirés sous divers prétextes. Il les détermina facilement à aller souper chez lui, où, au lieu d'un festin, ils ne trouverent que des gens inconnus, des armes, & des soldats. L'étonnement où les jetta ce spectacle lui donna occasion de leur parler ainsi.

« C'est trop long-tems souffrir, mes » amis, les maux qui nous accablent. » Des cœurs vraiment Républicains au- » roient effacé la honte de leurs fers par » la mort de leurs Tyrans. Le desir de » recouvrer la liberté autrement que » par la vengeance seroit un opprobre » dont il faudroit rougir ; & l'espéran- » ce une chimere dont il seroit absurde » de se repaître. Chaque démarche que » font

»font les Doria eſt un pas vers l'autori-
»té ſouveraine ; & nous ne ſaurions
»tarder à prendre une réſolution hardie
»& généreuſe , ſans aſſûrer le ſuccès de
»leurs projets. Déja vingt Galeres les
»rendent maîtres du Port ; ils diſpoſent
»à leur gré des forces du Milanès , &
»toute la Nobleſſe de l'Etat eſt à leurs
»ordres. S'ils n'avoient pas cru eſſen-
»tiel d'ajoûter à ces avantages celui
»de ma perte qu'ils ont cherché à pro-
»curer par le fer & par le poiſon , Ge-
»nes ne jouiroit pas même de cette
»ombre d'indépendance qui l'aveugle
»ſur ſa ſituation. J'ai des preuves que
»l'Empereur s'eſt engagé à favoriſer
»leur uſurpation. Ce traité , ſi nous
»ſommes lâches, hâtera notre eſclava-
»ge, & juſtifiera , ſi nous ſommes Ci-
»toyens, des réſolutions extrêmes. Ce
»n'eſt qu'en verſant du ſang que vous
»pouvez tranſmettre à vos deſcendans
»les loix que vous avez reçues de vos

»peres. Doria ou la Patrie, il faut fa-
»crifier néceffairement l'un ou l'autre.
»J'offenferois votre courage, fi je vous
»croyois capables de balancer. Cet
»appareil de guerre qui eft fous vos
»yeux, & qui vous a d'abord étonnés,
»doit vous animer à la ruine de deux
»ambitieux qui fe croyent nés pour
»vous fubjuguer. Il y a beaucoup de
»gloire & peu de péril dans ce que je
»vous propofe. D'un côté, nos enne-
»mis n'ont point pris de précaution
»contre un péril qu'ils ne foupçonnent
»pas ; & de l'autre, mes mefures font
»fi bien concertées, qu'il eft comme
»impoffible au hafard de les déranger.
»J'ai ici trois cens foldats armés, &
»dans le Port une galere bien équip-
»pée. Les Gardes des portes & du pa-
»lais font à moi. La plûpart des Arti-
»fans n'attendent que mes ordres pour
»fe mettre en mouvement. Deux mille
»de mes Vaffaux, & deux mille hom-

»mes que me fournit le Duc de Parme,
»arriveront auffitôt que je le voudrai.
»Que vous dirai-je enfin ? Mon entre-
»prife eft utile, jufte, facile & fûre.
»J'ai couru tous les rifques de l'avoir
»concertée, & je ne vous y affocie
»que pour en partager l'honneur. »

Ce difcours mit, ou trouva ceux à
qui il s'adreffoit dans des difpofitions
favorables ; & il fut fuivi d'un murmu-
re d'applaudiffement. Des démonftra-
tions de joie & d'approbation auffi gé-
nérales partoient de différens principes.
Les partifans fanatiques de Fiefque ne
voyoient que lui ; ils s'expofoient vo-
lontiers à tous les périls pour la fûreté
ou l'élévation de leur idole. D'autres
efpéroient de faire fervir à leur aggran-
diffement les malheurs publics. Quelques-uns craignoient les effets de cette
politique cruelle, qui dans quelques
occafions traite néceffairement en ennemis ceux qui ont refufé d'être compli-

X ij

ces. Il n'y en eut que deux qui allé-
guant une horreur invincible pour les
actions périlleuses & sanguinaires, demanderent à être difpenfés de prendre
part à une affaire où ils feroient plus
embaraffans qu'utiles. L'indignation
que caufa dans l'affemblée une propo-
fition qui couvroit fi vifiblement un
attachement fecret pour les Doria, auroit été fuivie de la mort de ceux qui
la faifoient, fans la modération rai-
fonnée de Fiefque. Il fentit que les
Conjurés n'avoient pas befoin d'un
fpectacle fanglant pour être animés;
& il crut qu'un acte d'humanité fait
dans une occafion auffi délicate lui
concilieroit de plus en plus la multitude. Ces réflexions le déterminerent à
s'affûrer feulement de deux hommes fur
lefquels ils ne pouvoit pas compter.
'Après cette précaution il quitta un inftant fes complices qui prenoient quelque nourriture à la hâte, en s'exhor-

tant mutuellement à bien faire, & il
entra dans l'appartement de fa femme.

C'étoit Eléonor Cibo. Elle étoit
jeune, belle, fenfée & vertueufe. L'attachement qu'elle avoit pour fon mari
étoit fi vif qu'il abforboit en quelque
maniere tous les mouvemens de fon
ame, & lui tenoit lieu de tous les plaifirs. Fiefque, quoique fenfible à d'autres paffions que celle de l'amour, ré-
pondoit à des fentimens fi tendres. Malgré ce retour, peut-être même à caufe
de ce retour, il ne lui avoit rien communiqué de fes projets. Il avoit craint
fans doute que les larmes d'une perfonne chérie ne le rendiffent foible, & il
n'avoit efpéré d'être ferme que lorfqu'il
auroit pris des engagemens indiffolu-
bles. Une raifon auffi forte l'avoit déterminé à prier Paul Panfa, un de fés
amis d'entretenir Eléonor dans un lieu
du Palais fort écarté, pendant que les
Conjurés s'y rendoient de toutes parts.

X iij

Cette précaution, pour lui dérober la connoiſſance des préparatifs d'une ſcene affreuſe, s'étoit trouvée inſuffiſante; & elle avoit aſſez vû de choſes pour n'être pas ſurpriſe, lorſque ſon époux lui annonça ce qu'il alloit entreprendre. Des pleurs, les expreſſions d'une tendreſſe extrême, le ſilence, le déſeſpoir, tout ce qui pouvoit faire changer cette réſolution fut employé inutilement. Fieſque ſe montra inébranlable. *Il n'eſt plus tems, Madame,* dit-il à ſa femme qui étoit à ſes pieds, en la relevant; *& dans une heure, je ne ſuis plus; ou vous verrez dans Genes toutes choſes au-deſſous de vous.* Il ſortit après ces paroles, & alla faire avec les conjurés ſes dernieres diſpoſitions.

Dès qu'elles eurent été arrêtées, Verrina ſe rendit un peu après l'entrée de la nuit ſur la galere de Fieſque qui étoit ſon poſte. Il donna par un coup de ca-

non le fignal de l'attaque ; & l'action
fut auffi-tôt engagée dans l'ordre qui
avoit été projetté. Corneille frere naturel du Chef de la conjuration chargé
de fe rendre maître de la Porte de l'Arc,
en vint à bout avec trente hommes,
& montra dans cette occafion de la
rufe & de la valeur.

Jerôme & Ottobon fes freres légiti-
mes, fuivis de Calcagno ne trouverent
pas autant de facilité à la Porte de S.
Thomas. Elle étoit défendue par les
deux Lercaro, Officiers intrépides, vi-
gilans, expérimentés, & dévoüés aux
Doria. Quoiqu'ils euffent été furpris,
leurs efforts pour n'être pas vaincus balancerent ceux qu'on faifoit pour les
vaincre, jufqu'à ce qu'une partie de
leur troupe qui avoit été gagnée, tourna fes armes contre eux, & que l'autre
découragée par ce revers prit la fuite :
ils virent cette trahifon & cette lâcheté
fans fe laiffer ni corrompre ni abattre,

& ils continuerent prefque feuls le combat. Le cadet fut tué, & l'aîné fait prifonnier. Cet évenement venoit d'affûrer la porte aux Conjurés, lorfque Jeannetin, éveillé par le bruit qui s'y étoit
fait, arriva accompagné feulement d'un
Page. Il fut reconnu à la lueur d'un
flambeau qu'on portoit devant lui, &
maffacré avec une fureur dont il y a peu
d'exemples. Son pere n'auroit pas eu
une deftinée plus heureufe, fi, comme
on en étoit convenu, les vainqueurs
euffent marché au Palais Doria après
leur premier avantage. La certitude
qu'ils avoient qu'un homme de quatre-
vingts ans ne pouvoit ni leur nuire ni
leur échapper, les empêcha de s'affûrer
de fa perfonne, ou plutôt l'avarice de
Jerôme qui craignoit d'expofer à l'a-
vidité du foldat des richeffes qu'il étoit
réfolu de s'approprier, l'obligea de ra-
lentir leur ardeur. Cette faute donna le
tems aux domeftiques d'André de le

faire monter à cheval, & de le mettre dans le chemin de Mafone, Château à quinze mille de Genes.

Tandis qu'un Vieillard célebre dans l'Europe par fa valeur, commettoit une lâcheté qui ne doit furprendre que ceux qui n'ont pas étudié les hommes, Afferato échoüoit dans le projet qu'il avoit formé de s'emparer par artifice de la porte de la Darfene. Scipion Borgognino répara par une attaque vive, brufque & audacieufe ce malheur qui pouvoit tout perdre, & ouvrit, en emportant un pofte auffi important, une communication libre entre les conjurés qui étoient dans la Ville, & ceux qui combattoient dans le Port.

Ces derniers avoient à leur tête le Comte de Fiefque, qui après avoir établi tous les corps-de-garde néceffaires, s'étoit rendu dans l'endroit où le péril étoit plus grand, l'intelligence plus effentielle, & le fuccès plus décifif. Il

avoit trouvé en y arrivant, que Verrina, suivant les ordres qui lui avoient
été donnés, s'étoit placé avec sa galere à l'entrée de la rade pour empêcher
celles de Doria qui étoient désarmées
de s'éloigner ; & il avoit profité de
cette manœuvre avec beaucoup d'a-
dresse, de vivacité, & de bonheur.
Les secours qui lui arriverent par la
porte de la Darsene, lorsqu'elle eut été
forcée, en augmentant ses moyens,
accélererent ses avantages : quelques
heures de plus & un peu de constance
devoient presque nécessairement le rendre maître de toutes les galeres.

Cette certitude redoubla par-tout
l'activité & le courage des Conjurés,
qui, après s'être fortifiés à la hâte,
dans les postes dont ils s'étoient emparés, se répandirent dans les rues, en
criant *Fiesque* & *Liberté.* Ces deux
mots, dont l'un rappelloit à un grand
nombre d'Ouvriers le nom de leur bien-

faiteur, & l'autre réveilloit dans tous
les esprits l'idée du plus grand des
biens, séduisirent la populace qui prit
aussi-tôt les armes. Les Citoyens riches
livrés à une inquiétude mortelle, & à
une consternation affreuse, attendirent
dans l'inaction ce que le sort décideroit
de leur vie & de leur fortune. La plûpart des Nobles oubliant lâchement
l'intérêt qu'ils avoient à soutenir le
Gouvernement établi, & à empêcher
une révolution, demeurerent dans leurs
maisons pour les garantir s'ils pouvoient du pillage. Le Ministre de l'Empereur se feroit déshonoré par une fuite
honteuse, si on ne lui eut représenté
que le caractere dont il étoit revêtu,
& le respect qu'imprimoit sa Cour,
rendroient sa personne sacrée, quelque
issue qu'eussent les mouvemens qui se
faisoient. Il fut si bien rassûré par ce
discours qu'il se rendit au Palais pour
y conférer avec Nicolas Franco, qui

en qualité de Doyen du Sénat, gouvernoit l'Etat durant l'interregne, le
Cardinal Doria, & quelques autres perfonnes d'un rang diftingué fur la confervation de la République.

Il ne falloit pas des lumieres fort
étendues pour voir qu'il n'y avoit
qu'un parti à prendre ; c'étoit, puifqu'on fe trouvoit hors d'état de faire
face de plufieurs cotés, de raffembler
le peu qu'on avoit de forces difperfées,
& d'attaquer avec vigueur le corps
des Conjurés. Selon toutes le apparences, des Troupes difciplinées, com-
mandées par des Chefs autorifés, &
conduites avec tout l'ordre que permettoient les circonftances, auroient
battu des artifans qui n'obéiffoient proprement à perfonne & qui combattoient comme au hafard. Un premier
fuccès auroit encouragé les Citoyens
timides, déterminé les incertains, &
intimidé ceux qui troubloient leur

patrie : cette révolution dans les esprits en auroit presque nécessairement entraîné une dans les affaires ; & le désordre auroit fini par la mort, la fuite ou la soumission de ceux qui le causoient. Si de malheureux hasards avoient rendu inutile une résolution si sage, il restoit une ressource qui, employée à propos & avec dignité réussit ordinairement : le Magistrat se seroit montré avec cet appareil qui rassure les gens de bien, qui impose aux foibles, & qui déconcerte les scélérats : le respect & la crainte des Loix auroient tenu lieu de Soldats & d'armes.

Soit que ces réflexions ne se présentassent pas à ceux qui avoient l'autorité en main, ou qu'ils trouvassent à les suivre des dangers, & des difficultés dont l'histoire ne parle point, ils prirent une résolution, qui ne pouvoit gueres produire d'autre effet que de faire voir qu'ils en avoient pris une. Boniface Lomellino, Christophle Pallavicin, & Antoine Calva, les plus déterminés d'entre les Sénateuts furent envoyés avec environ cinquante hommes pour reprendre la porte de saint Thomas. Avant d'y arriver, ils furent chargés par une troupe de Conjurés qui les poussa jusques dans la maison d'Adam Centurione dont ils n'étoient pas éloignés. François Grimaldi, Dominique Doria, & quelques autres gentils-hommes qui y étoient, se joignirent à eux ; & ils continuerent tous ensemble l'entreprise qui venoit d'être traversée. Le poste qui étoit de la derniere importance fut attaqué & défendu avec toute l'intrépidité possible : il y eut beaucoup de sang répandu ; & l'avantage long-tems balancé resta aux plus opiniâtres, & par consequent aux rebelles.

Une tentative aussi funeste, dégou-

ta la partie du Sénat qui étoit af-
semblée de la force ouverte, & tourna ses vûes vers la négociation. La
difficulté étoit de trouver des agens,
de leur donner des instructions qui
eussent un point fixe, & de parvenir
à les faire écouter : Hector de Fiesque,
Augustin Lomellino, Ansaldo Justiniani, Ambroise Spinola, & Jean
Balliano furent chargés de la commission : ils n'étoient autorisés qu'à demander le sujet du tumulte, & il leur
étoit ordonné de s'addresser à celui
qui étoit visiblement l'auteur de tout
ce qui se faisoit, & que le bruit public
supposoit au port. Les négociateurs
furent attaqués contre leur attente ;
& comme ils marchoient sans précaution, ils furent mis en fuite avec
leur escorte. Justiniani seul tint ferme, & il demanda froidement à parler, au nom de la République, au
Comte de Fiesque.

Cet homme dangéreux n'étoit déja plus : en voulant paſſer ſur une galere, où des cris qu'il entendit lui firent craindre que les forçats ne cherchaſſent à briſer leurs chaînes, il étoit tombé dans la mer, & s'y étoit noyé. Sa mort étoit un myſtére que perſonne n'avoit pénétré, & que Verrina qui en avoit été le premier inſtruit n'avoit communiqué qu'aux principaux de ſon parti, qui le devoient ſçavoir. Le ſecret pouvoit être facilement gardé juſqu'à la fin de l'action, ſans la vanité puérile de Jerôme qui répondit à Juſtiniani, qu'il n'y avoit plus d'autre Comte de Fieſque que lui, & qu'il n'écouteroit les propoſitions qu'on avoit à lui faire, que lorſqu'on lui auroit livré le Palais. Une réponſe auſſi imprudente eut les ſuites qu'elle devoit avoir. Le Sénat raſſuré par le ſeul événement qui pût changer ſur le champ & d'une maniere ſtable la ſituation

situation des choses , montra de la fermeté ; & les Conjurés, par une raison
contraire , perdirent toute leur audace :
à mesure que la mort de leur Chef
se répandoit, & elle se répandit fort
vîte , on voyoit les esprits se refroidir, le courage expirer dans tous les
cœurs , & les armes tomber des mains.
Ceux mêmes que des haines plus vives,
de plus grands intérêts, ou un caractere plus emporté avoient rendus jusqu'alors plus redoutables que les autres,
se laissoient abbattre par la terreur
commune. La révolution fut si générale , qu'au point du jour il n'y avoit
pas un seul factieux dans les rues de
Genes : ils étoient tous retirés dans
leurs maisons, dispersés dans la campagne , ou retranchés dans quelque
poste.

Tandis qu'on se livroit d'un côté
aux impressions d'une peur extrême,
on déliberoit de l'autre au Palais ;

fur le parti qu'il convenoit de prendre. Des Sénateurs vindicatifs, vifs,
ou féveres, vouloient armer la rigueur
des Loix, contre les rebelles qui fe
foumettoient, & faire attaquer à force
ouverte ceux à qui il reftoit encore
des reffources pour fe défendre. Les
Chefs de l'Etat, que des préjugés,
des paffions, un zéle inconfidéré &
des intérêts particuliers ne gouvernoient pas, montrerent plus de modération. Ils trouvoient inhumain d'im-
moler des Citoyens qui n'étoient dans
le crime que depuis quelques heures;
que le hafard ou la foibleffe y avoit
engagés, qui s'y trouvoient en quelque maniere fans le fçavoir, & qui
n'avoient fait que céder à une féduction
dont les plus vertueux avoient eu bien
de la peine à fe défendre. Ce fang
ne leur paroiffoit pas affez corrompu
pour devoir être verfé; & ils croyoient poffible, aifé même de le rap-

peller à l'amour de l'ordre, du devoir, & de la Patrie, par une indulgence qui, dans les circonstances où l'on se trouvoit, ne pourroit pas passer pour une foiblesse. Une opinion aussi raisonnable prévalut; & il fut arrêté qu'on porteroit aux mécontens des paroles de paix & de concorde.

Paul Pansa * fut chargé de cette commission difficile & honorable. Personne n'avoit, ni dans le Sénat dont il étoit membre, ni dans le public dont il étoit l'idole une réputation plus

---

* Paul Pansa avoit été chargé comme nous l'avons vû d'entretenir la Comtesse de Fiesque pendant que son mari faisoit les dispositions qu'on vouloit lui cacher. Il seroit bien singulier que Fiesque eut donné une pareille commission à tout autre qu'à un conjuré; cependant l'Histoire n'en dit rien, & la confiance que le Sénat marqua à Pansa, paroît prouver qu'il n'étoit pas regardé comme tel. Voilà de ces nuages que les premiers Historiens laissent quelquefois dans leur narration, & que les Ecrivains postérieurs ne sont plus en état d'éclaicir.

entiere & plus éclatante. L'idée qu'on avoit de sa probité étoit si forte, que l'amitié reconnue qui étoit entre le Comte de Fiesque & lui, ne fut pas capable de le rendre suspect. Pansa qui étoit vertueux, & ce qui est encore plus important dans les affaires, qui avoit la réputation de l'être, parla aux Conjurés ; & il les persuada. Sur la promesse qu'il leur fit d'un pardon entier & sincére de ce qui s'étoit passé, ils mirent bas les armes : l'acte d'abolition leur fut livré immédiate-ment après, signé & scellé par Ambroi-se Senaregua Secrétaire de la Répu-blique.

Ces formalités ne rassurerent pas Ot-tobon de Fiesque, Verrina, Calcagno & Sacco, qui convaincus que les cri-mes de leze-Majesté ne sont jamais remis sincérement dans les Etats libres, allerent chercher un azile en France. Jerôme de Fiesque les y auroit suivis,

fi la crainte qu'une retraite fi équivoque ne fervit de prétexte , pour le dépouiller des immenfes poffeffions dont
il venoit d'hériter, ne l'avoit déterminé à fe retirer dans fa forterefle de
Montobio. Tout le refte rentra paifi-
blement & comme fans efforts dans
l'ordre accoutumé. La confpiration
avoit commencé avec la nuit, & le
jour fuivant n'étoit pas fini , qu'il n'en
reftoit aucun veftige.

Les Sénateurs, dans les premiers
tranfports de leur joye , envoyerent à
André Doria une députation chargée
de le ramener & qui le ramena en
effet à Genes. Il y fut reçu avec des dif-
tinctions qu'on ne devroit pas connoître dans des Gouvernemens populaires,
où elles détruifent l'égalité qui en eft la
bafe. Cet accueil ne lui fit pas oublier
la honte dont il s'étoit couvert en
fuyant, mais il lui fit fentir qu'il lui reftoit
encore affez de pouvoir pour fe vanger

de ceux qui en étoient la cause. Dans cette perſuaſion, il ſe rendit le lendemain de ſon arrivée au Sénat, où tout entier à ſon reſſentiment, il s'éléva avec un emportement que ſon âge ne ſembloit pas comporter & avec plus de hauteur que l'aſſemblée n'en auroit dû ſouffrir, contre l'accommodement qui avoit été fait. L'indulgence qu'avoit eue le Souverain de traiter avec ſes ſujets lui paroiſſoit une lâcheté qui tôt ou tard renverſeroit l'Etat, ſi par une ſevérité devenue malheureuſement néceſſaire, on n'en prévenoit les ſuites. Ses créatures & ſes amis appuyerent avec ſuccès, de leur éloquence, de leurs intrigues, & de leur crédit, des vûes ſi contraires à la ſûreté publique. En vain quelques Magiſtrats modérés & ſages voulurent-ils reclamer la foi des ſermens qu'on avoit faits : il leur fut répondu qu'un pardon accordé à des rebelles qui avoient les armes à la main, pouvoit être révoqué & le devoit être. Ce principe, que la crainte fit à la fin adopter par ceux mêmes qui le trouvoient injuste, décida du parti qu'on prit.

La mémoire du Comte de Fiesque fut flétrie ; & on rejetta dans la mer son corps qui n'en avoit été tiré qu'après quatre jours. Ses freres & ses plus zélés Partisans furent condamnés au bannissement. On rasa ses Palais jusqu'aux fondemens ; on confisqua ses terres, & on s'empara de ses Châteaux. Paul Pansa fut enfin envoyé à Jerôme pour le détermiter à remettre Montobio au Sénat, & à s'éloigner des terres de la République.

Une proposition aussi odieuse révolta avec raison celui auquel elle s'adressoit. Il prit la résolution de s'ensevelir, s'il le falloit, sous les ruines de sa Place ; & il se prépara à une défense opiniâtre pour laquelle il ne pouvoit compter que sur ses propres forces. Le Duc

de Parme, loin de penser à le secourir
comme il devoit secretement peut-être,
s'emparoit par ambition & par politique de quelques Châteaux que la maison de Fiesque avoit dans le Plaisan-
tin. Les Ministres qui gouvernoient la
France étoient trop livrés aux intrigues
qu'avoit fait naître à la Cour la mort
de François Premier, pour s'occuper
d'autres intérêts. Les Conjurés qui s'é-
toient retirés à Marseille après leur dé-
sastre, y avoient beaucoup éprouvé de
cette pitié barbare dont l'orgueil se
plaît à accabler les malheureux ; mais
on leur avoit refusé l'admiration qu'ar-
rachent aux grandes ames les actions
extraordinaires, lors même qu'elles ne
sont pas tout-à-fait justes. Ce traitement les avoit préparés à se passer d'appui. Ils ne furent ni surpris ni abattus,
lorsqu'on ne leur en donna point ; &
ils se rendirent seuls à Montobio, déterminés à vaincre ou à mourir. Leur

audace qui avoit quelque chofe de très-
impofant, auroit peut-être fait fouhaiter au Sénat qu'on pût trouvèr quelque voie d'accommodement, fi l'Empereur ne l'eût entraîné par fon autorité dans une réfolution contraire.

Ce Prince avoit appris en Allemagne, où la guerre contre les Proteftans
l'occupoit alors, tous les mouvemens
qui s'étoient faits à Genes. Il avoit
craint & dû craindre que cette étincel-
le ne rallumât un incendie qu'il ne feroit pas à portée d'arrêter, & qui em-
brâferoit la Lombardie. Quoique le
fort qu'avoit eu la conjuration l'eût un
peu raffûré, il ne devoit pas être tout-
à-fait tranquille, tandis que les mécontens refteroient les maîtres d'une Place
importante qui pouvoit fervir de porte
aux François pour rentrer en Italie. Il
eft vrai que cette Puiffance avoit pris
du dégoût pour des guerres fi éloi-
gnées, & que fes intérêts demandoient

qu'elle y renonçât ; mais il étoit poffible que le defir qu'avoit Henri II. de
fignaler fon avenement au Trône par
quelque expédition confidérable, chan-
geât les inclinations & la politique d'u-
ne Nation qui a toûjours préféré fes
Rois à fa Patrie. Des réflexions fi judi-
cieufes déterminerent Charles à preffer
le fiége de Montobio. Il fut formé avec
beaucoup de célérité, & conduit avec
affez d'intelligence par Auguftin Spinola. Des pluies abondantes inonde-
rent prefque toûjours fon camp : les munitions de guerre lui manquerent fouvent : Son artillerie étoit mauvaife, &
elle creva : il n'avoit que deux mille
hommes ; & cependant il réduifit les
Affiégés à fe rendre à difcrétion après
quarante - deux jours d'une réfiftance
auffi vive & auffi opiniâtre qu'elle pouvoit l'être. Leur deftinée fut telle qu'ils
l'avoient dû prévoir. Le Sénat plus
inflexible que jamais, les condamna

tous à mort ; & la Sentence fut exécutée avec une sévérité qui marquoit plus de passion que de justice. Ottobon resté en France pour ménager des secours à son frere, n'ayant pu le sauver, pouvoit le venger un jour : L'ennemi de sa maison le poursuivoit partout, & le fit périr enfin au bout de huit ans par un genre de mort qui n'a jamais été connu que des Tyrans.

Ainsi finit une conspiration qui, sans la mort du Comte de Fiesque, auroit changé l'Etat de Genes, & qui par l'évenement, établit sur des fondemens presque inébranlables l'autorité qu'on avoit voulu détruire.

Fin du second Tome.

TABLE

DES MATIERES
Contenues dans ce second Volume.

A

E

G

A a iij

I

J

J Eannetin Doria. Voyez *Doria.*

K

N

R

Sénat

Bb iij

Fin de la Table des Matieres.

Page 112, ligne 16, Arthur, *lis.* Arthus.

9 782013 470148